진실한 동물도감

북스그라운드

진실을 알고 나면,
동물을 존중하게 될 거예요!

개코, 매의 눈, 까치집, 고양이 세수, 벼룩의 간… 한 번쯤 들어 본 표현이지요? 아주 오래전부터 우리는 동물에 빗댄 말을 참 많이 사용해 왔어요. 그렇게 굳어진 표현을 의식하지 않고 쓰다 보니 정작 그 말에 담긴 진실을 따져 볼 생각을 못 한 것 같아요. 인간의 후각이 '개코'라 할 만큼 뛰어난지, 고양이가 정말 엉터리로 대충 세수를 하는지, 또 벼룩에게 간이 있기는 한지 말이에요. 하지만 진실과 거짓을 떠나 이렇게나 동물과 관련된 표현을 많이 쓰고 있었다니! 인간이 동물에게 얼마나 관심이 많고 나름으로 관찰해 왔는지를 깨달으며 저도 새삼 놀랐답니다. 우리가 자꾸 잊는 듯하지만, 인간 역시 동물이기 때문이겠죠?

《진실한 동물도감》에는 총 25종의 동물이 등장해 각자 진실을 말해 줘요. 우리가 주로 어떤 상황에서 동물과 관련된 표현을 쓰는지 먼저 짚은 다음, 진실되게 쓰이고 있는지를 살펴본답니다. 동물들이 그 표현을 들으면 어떤 반응을 보일까, 상상하며 쓰는 내내 무척 재밌었어요. 어떤 동물은 코웃음이나 손사래를 쳤고, 드물지만 자신에게 딱 들어맞는 표현이라고 인정하는 동물도 있었어요. 인간들이 잘못 알고 있다며 화를 내는 동물도 있었고요!

《진실한 동물도감》은 제목 그대로 동물 표현에 관한 진실은 물론이고, 해당 동물의 특징과 뛰어난 능력 등

도 함께 다뤘어요. 차야다 작가님이 각 동물들의 목소리를 그림으로 생생하게 표현해 주셔서 개성 넘치는 도감이 완성되었지요.

이 책은 '게 눈 감추듯' 읽어 내려가도 좋고, 내가 좋아하는 동물을 '매의 눈'으로 날카롭게 골라 읽어도 좋아요. 어떻게 읽든 '개미지옥'에 빠진 개미처럼 헤어날 수 없을 거예요. 어린이들이 동물을 제대로 알고 이해하기를 바라는 마음으로 '까치집'을 짓는 까치처럼 공들여 썼기 때문이죠. 하지만 까치가 까치집을 쓰듯 한 번 읽고 덮어 두지 말고, 두고두고 오래 봐 주었으면 좋겠어요. (아마 '까치' 편을 읽고 나면 제가 무슨 말을 하는지 이해할 수 있을 거예요. 이렇듯 진실은 소통에 큰 도움이 된답니다.) 무엇보다 올빼미가 밤 사냥하듯 지식을 신나게 찾고, 앎의 기쁨을 누리면 좋겠습니다.

《진실한 동물도감》과 함께 여러분의 세상은 지식으로 한없이 넓어질 거예요. 그 세상은 누군가와 나눌수록 더욱더 커질 거고요. 특별히 이번 책에서는 최신 연구 결과까지 살펴보며, 알찬 정보를 담고자 노력했고, 덕분에 제 세상도 한층 넓어졌어요. '기린' 편을 쓰지 않았다면 최근 연구에서 밝혀진 기린 키의 비밀도, 지구에서 혈압이 가장 높은 동물인데도 기린의 심장과 뇌가 거뜬한 이유도 알 수 없었을 거예요.

저는 올바른 이해에서 존중하는 마음이 시작된다고 생각합니다. 동물

 에 대해 알게 되면 그만큼 동물을 깊이 이해하게 되고, 함께 살아갈 방법에도 관심을 갖게 마련이지요. 이 책이 여러분에게 그 변화의 첫걸음이 되어 주길 바랍니다.
 이 책이 완성되기까지 정성을 다해 준 북스그라운드의 임선아, 송은하 편집자에게 진심 어린 감사의 마음을 전합니다.

동물을 연구하는 생태학자, 최형선

차례

들어가며 ◦◦◦◦◦◦ 2

1. 개 개코 ◦◦◦◦◦◦ 8
2. 기린 기린같이 크다 ◦◦◦◦◦◦ 14
3. 매 매의 눈 ◦◦◦◦◦◦ 20
4. 독수리 대머리 독수리 같다 ◦◦◦◦◦◦ 24
5. 악어 악어의 눈물 ◦◦◦◦◦◦ 30
6. 거북 거북목 ◦◦◦◦◦◦ 36
7. 금붕어 금붕어 기억력 ◦◦◦◦◦◦ 42
8. 고양이 고양이 세수 ◦◦◦◦◦◦ 46
9. 올빼미 올빼미 생활 ◦◦◦◦◦◦ 52
10. 까치 까치집 ◦◦◦◦◦◦ 58
11. 게 게 눈 감추듯 ◦◦◦◦◦◦ 64
12. 벼룩 벼룩의 간 ◦◦◦◦◦◦ 68
13. 개미귀신 개미지옥 ◦◦◦◦◦◦ 74

14 **빈대** 빈대붙다 ○○○○○○ 80

15 **캥거루** 캥거루족 ○○○○○○ 86

16 **호랑이** 이빨 빠진 호랑이 ○○○○○○ 92

17 **기러기** 기러기 아빠 ○○○○○○ 98

18 **개미** 일개미 같다 ○○○○○○ 104

19 **베짱이** 베짱이 생활 ○○○○○○ 110

20 **벌** 여왕벌 같다 ○○○○○○ 116

21 **하루살이** 하루살이 인생 ○○○○○○ 122

22 **황소** 황소고집 ○○○○○○ 128

23 **능구렁이** 능구렁이 같다 ○○○○○○ 134

24 **청개구리** 청개구리 같다 ○○○○○○ 140

25 **개복치** 개복치 같다 ○○○○○○ 146

'개 코'의 진실

✧ 인간보다 월등히 뛰어난 후각

인간은 냄새를 감지하는 세포(후각 세포)가 500만 개 정도인데, 개는 약 2억~3억 개라고 해. 단순히 세포 수만 많은 게 아니야. 냄새를 맡는 표면적도 인간에 비해 10~50배쯤 더 넓지. 냄새를 인식하는 뇌의 부위도 더 크고 발달되어 있어. 또한 개의 콧속은 여러 겹의 주름이 꼬불꼬불 접혀 있어서 공기와 닿는 면적이 매우 넓기 때문에 냄새 분자가 더 오래 머물고, 후각 세포와 더 많이 접촉하게 돼. 그래서 품종에 따라 차이가 있지만, 개는 인간보다 1만~10만 배까지 냄새를 더 잘 구별할 수 있지.

개의 코는 거의 항상 촉촉한 상태인데, 이 습기가 공기 중의 냄새 분자를 잘 붙잡도록 도움을 줘. 넓고 촉촉한 코와 많은 후각 세포 덕분에 개는 아주 뛰어난 후각을 가질 수 있는 거야.

'아프리카코끼리'와 '곰'은 후각 수용체(냄새를 감지하는 단백질)가 개보다 더 많아. 그래서 어떤 경우에는 개보다 더 냄새를 잘 맡을 수 있어.

커피나 바나나처럼 개보다 인간이 더 민감하게 느끼는 냄새도 있어. 자주 맡아서 익숙해졌기 때문이지. 하지만 냄새를 얼마나 잘 맡는지만 따진다면 개가 압도적으로 뛰어나지.

✧ 정확한 위치 찾기

개는 여러 방향의 냄새를 아주 정확하게 맡을 수 있어. 냄새가 어디에서 나는지, 얼마나 가까운 곳에서 나는지도 알 수 있어. 이런 능력 덕분에 냄새가 시작되는 정확한 위치를 찾아내는 데 매우 능숙하지. 또한 코끝에는 열을 느낄 수 있는 특별한 감각 기관이 있어서, 다른 동물의 체온도 알아챌 수 있어. 그래서 개는 어두운 곳에서도 움직이는 동물이나 먹잇감을 잘 찾아내.

✧ 예민한 냄새 탐지

개의 코는 진짜 예민해. 도망친 동물이 남긴 발자국에서도 냄새를 맡을 정도야. 발바닥에서 나온 기름 냄새를 알아차리고, 그 동물이 지나간 길을 따라갈 수 있지.

개는 냄새로 일란성 쌍둥이를 구별할 수 있고, 사람의 질병도 감지해. 코로나19와 전립선암에 걸린 사람을 각각 약 97퍼센트와 98퍼센트의 정확도로 알아냈다고 해. 개는 예민한 후각으로 폭발물, 마약, 범죄 현장에 남은 물건, 빈대 같은 작은 벌레까지 탐지할 수 있어. 그래서 공항, 경찰서, 병원 같은 다양한 장소에서 활약하며 사람들을 돕고 있지.

◆ 코로 소통해

개는 소변으로 자기 영역을 표시해. 수컷은 관심 있는 암컷에게 사랑을 표현할 때, 스트레스를 받았을 때도 소변을 봐. 그리고 소변에 담긴 냄새로 다른 개와 소통하지. 개는 이틀이 지난 소변 냄새로도 소통이 가능할 만큼 후각이 뛰어나.

개는 상대의 감정도 코로 알아챌 수 있어. 콧구멍 바닥에 있는 '보습코 기관'이 페로몬을 인식하지. 페로몬은 동물들의 몸에서 분비되는, 기분이나 몸 상태를 알려 주는 화학 물질이야. 개는 뛰어난 후각과 학습된 경험, '보습코 기관'으로 다른 개의 감정은 물론, 사람의 기분도 알아챌 수 있지.

그제 해피가 왔다 갔네.

인간, 오늘 힘들었니? 스트레스 받았을 때의 냄새가 나는데.

◇ 코가 길면 건강해

개는 품종에 따라 코의 길이나 생김새가 달라. 코의 모양은 개의 건강이나 수명에 영향을 줄 수 있어. 보통은 몸집이 작고 코가 긴 개가 더 오래 사는 편이야. 반면, 몸집이 크고 얼굴이 납작한 개일수록 건강에 문제가 생기기 쉬워. 병에 더 쉽게 걸리거나 수명이 짧을 수 있어. 코가 길면 공기가 잘 들어가서 숨쉬기가 편하고, 폐와 심장도 더 튼튼한 경우가 많아. 하지만 코가 짧은 개는 종종 호흡 곤란을 겪거나, 잘 때 숨이 멈추는 증상이 생기기도 해. 이 때문에 잠을 깊이 못 자고, 쉽게 피곤해지지. 또 코가 짧으면 구조상 분비물이 잘 빠져나가지 않아서, 콧속에 염증(부비동염)이 생기기도 쉬워.

시베리아허스키

코 건강 ★★★★★ (5점)

코가 길고
쭉 뻗어 있어.

프렌치불도그

코 건강 ★☆☆☆☆ (1점)

코가 아주 짧고
눌린 듯 납작해.

에취

코가 건조하면 공기 중에 있는 먼지나 이물질을 제대로 걸러 내지 못해서, 감기 같은 호흡기 질병에 걸릴 위험이 높아져. 또 코끝이 촉촉하지 않으면 냄새 분자를 잘 붙잡지 못해서 후각도 약해지지. 개와 함께 살고 있다면 코가 너무 말라 있지 않은지 잘 봐 줘.

개 능력 테스트

1 엄마가 어디를 다녀왔는지 냄새로 알 수 있나요?

2 냄새로 쌍둥이를 구별할 수 있나요?

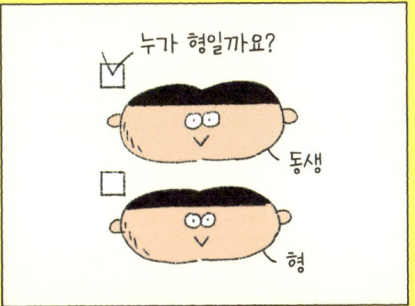

3 친구가 스트레스를 받은 것을 냄새로 알아차릴 수 있나요?

4 우리 집에 빈대가 있는지 냄새로 알아낼 수 있나요?

추가 진실 개의 꼬리뼈에는 운동 신경과 감각 신경이 분포해 있어서 꼬리를 아주 섬세하게 움직일 수 있어. 꼬리를 빠르게 흔들어 기쁨과 친근함을 표현하고, 조심하거나 경계해야 할 때는 천천히 흔들어. 또 꼬리 아래 항문샘에서 나는 냄새에는 몸 상태와 감정 정보가 담겨 있어. 그래서 개들은 서로의 꼬리 쪽 냄새를 맡으며 자신의 상태를 알리고, 냄새로 대화하기도 하지.

기린같이 크다

키가 아주 큰 사람에게 흔히 '기린같이 크다'고 말해.
기린은 현재 살아 있는 지구 동물 가운데 키가 가장 크거든.
아무래도 기린과 사람의 키를 견주는 것은 너무한 일 같지?

'기린 키'의 진실

✧ 경쟁 상대 없는 독보적 키

기린의 평균 키는 4.5~6미터야. 태어났을 때의 키가 약 1.8미터, 15개월 쯤이면 약 2.8미터까지 큰대. 키만큼은 사람은 물론 다른 동물과도 경쟁 상대가 안 된다고 봐야지.
기린은 다른 동물이 닿을 수 없는 높이의 나뭇잎을 먹을 수 있어. 그래서 먹이를 두고 경쟁할 일이 거의 없고, 자기만의 특별한 방식으로 살아가는 동물이야.

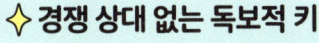

수컷은 목을 휘둘러 다른 기린과 싸우는 행동으로 목의 길이와 근육량이 늘어났어. 암컷은 새끼에게 젖을 먹이는 동안 더 많은 영양분을 보충하기 위해 높은 곳의 나뭇잎까지 먹으면서 목이 길어졌지. 몸에 비해 암컷의 목이 상대적으로 더 길어 보이지만, 실제로 그렇지는 않아. 보통 수컷이 암컷보다 키가 30~60센티미터 정도 더 크고, 목도 더 길고 굵지.

기린은 혀도 아주 길어. 쭉 뽑으면 45센티미터나 돼. 긴 혀는 높은 곳의 나뭇잎을 돌돌 감아서 뜯어 먹기에 좋지. 기린의 혀는 검은빛을 띤 파란색이나 짙은 보라색처럼 어두운 색이야. 잎을 먹느라 혀가 햇빛을 많이 받기 때문에, 자외선을 막아 주는 멜라닌 색소가 많아서 그런 거지.

키가 작은 기린이 발견된 적도 있어. 이런 '왜소증' 기린은 다 자라서도 키가 약 2.8미터밖에 되지 않아. 보통 기린 키의 절반 정도지. 그래도 여전히 사람보다는 훨씬 커.

✧ 긴 목과 긴 다리

기린이 키가 큰 건 긴 목과 긴 다리 덕분이야. 목과 다리를 빼면, 몸통 길이는 오히려 코끼리보다 짧아. 기린의 목 길이는 2미터가 넘고, 목이 전체 키의 절반 정도를 차지해. 그렇지만 목뼈의 수는 다른 포유류와 똑같이 일곱 개야. 다만 목뼈 하나의 길이가 25센티미터 이상이라서 목이 그렇게 긴 거야.

기린의 긴 목에는 굵고 긴 혈관이 있어서 더운 환경에서 지내는 기린의 몸속 열을 밖으로 내보내는 데 도움이 돼.

목뼈

기린은 다리 길이도 2미터가 넘어. 특히 앞다리가 뒷다리보다 조금 더 길어서 목이 시작되는 위치가 더 높아. 그래서 다른 동물보다 높은 곳에 있는 나뭇잎을 쉽게 먹을 수 있어.

기린의 다리는 아주 튼튼해서 1,300~1,700킬로그램이나 되는 몸무게를 거뜬히 버틸 수 있어. 다리의 인대는 탄력이 좋아서 근육에 무리가 가지 않게 도와주지.

✦ 유연한 '첫 번째 등뼈'

기린은 자기 키보다 높게 있는 나뭇잎도 목을 위로 쭉 뻗어서 먹을 수 있어. 이것은 기린의 특별한 뼈 구조 덕분이야. 목뼈 바로 아래에 있는 '첫 번째 등뼈'를 다른 동물보다 훨씬 더 유연하게 움직일 수 있어. 보통 등뼈는 갈비뼈에 단단히 붙어 있어서 잘 움직이지 않지만, 기린의 첫 번째 등뼈는 목과 함께 움직이기 때문에 기린은 자기 키보다 50센티미터나 더 높은 곳까지 머리를 들어 올릴 수 있어.

✦ 특별한 '긴 목 근육'

기린은 목을 움직이는 긴 근육이 잘 발달되어 있어. 이 '긴 목 근육'은 첫 번째 목뼈부터 세 번째 등뼈까지 목 전체를 따라 길게 이어져 있어. 이 근육은 기린이 목을 앞으로 굽히거나 옆으로 돌릴 수 있게 도와줘서 키 큰 나무의 잎도 따 먹고, 몸을 아래로 굽혀서 물도 마실 수 있게 해 주지.

기린은 선 채로 잠을 자는 경우가 많아. 주변에 위험한 동물이 있는지 계속 살피기 위해 짧게 잠을 자면서도 경계하는 거야. 하지만 안전하다고 느낄 때는 앉아서 자기도 해. 이때 기린은 긴 목을 접어서 허리 쪽에 머리를 기대고 자. 불편해 보인다고? 목 근육과 인대에 무리가 가지 않는 편안한 자세야.

✦ 튼튼한 심장

기린은 지구에서 혈압이 가장 높은 동물이야. 목이 아주 길기 때문이지. 심장에서 약 2미터나 떨어진 머리까지 피를 올려 보내야 하니까, 심장은 아주 세게 피를 내보내야 해. 이런 강한 압력을 견디기 위해 기린의 심장은 매우 크고 튼튼하게 생겼어. 가슴의 절반을 차지할 만큼 심장이 크다고 해.

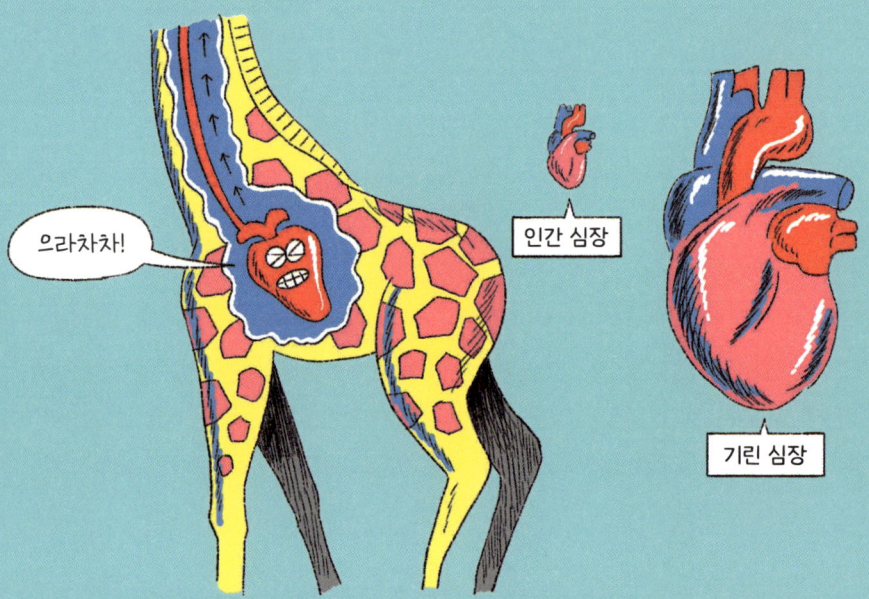

놀라운 점은, 기린의 혈압이 이렇게 높은데도 심장이나 뇌에 문제가 생기지 않는다는 거야. 심장이 크고 튼튼하고, 혈관도 특별한 구조로 되어 있기 때문이야. 게다가 기린에게는 'FGFRL1'이라는 특별한 유전자가 있어. 원래 이 유전자는 뼈가 자라는 걸 도와주는 역할을 하는데, 기린에게는 고혈압 때문에 생길 수 있는 병과 뼈 손상을 미리 막아 주는 역할을 한대. 기린은 이 특별한 유전자 덕분에 별 탈 없이 목이 길게 진화할 수 있었던 거야.

기린이 물을 마실 때는 주의가 필요해. 머리를 아래로 내리면 피가 갑자기 몰려서 뇌에 무리가 갈 수 있거든. 그래서 기린은 다리를 옆으로 벌려 몸을 낮춘 자세로 물을 마셔. 이렇게 하면 피가 한꺼번에 머리로 몰리는 걸 막을 수 있지.

기린 능력 테스트

1 태어나자마자 키가 180㎝ 이상이었나요?

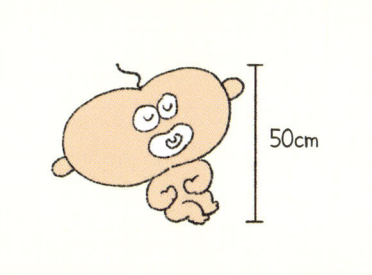

2 몸통에 비해 목이 훨씬 긴가요?

난 허리가 유독 긴 것 같은데.

3 서서 잘 수 있나요?

4 자기 키보다 50㎝ 높은 곳까지 머리를 들어 올릴 수 있나요?

추가 진실 기린은 암컷도 수컷도 뿔이 있어. 이 뿔을 '오시콘'이라고 불러. 오시콘은 끝이 둥글고 뭉툭하며, 소나 사슴의 뿔보다 길이가 짧아. 암컷의 오시콘은 작고, 얇은 피부와 털로 덮여 있어. 반면 수컷의 오시콘은 더 크고, 뿔 끝에 털이 거의 없지. 수컷은 서로 목과 머리를 부딪치며 싸우는데, 이때 오시콘을 무기처럼 써.

'매 눈'의 진실

◇ 넓은 각도를 정밀하게 봐

매는 날카로운 발톱과 부리를 가진 맹금류 중에서도 사냥을 가장 잘하는 새야. 그 비결은 바로 특별한 눈 구조, 특히 망막에 있어.

망막은 눈의 가장 안쪽에 있는 얇은 막으로, 빛을 받아들이고 그 정보를 뇌에 보내는 일을 해. 망막이 없으면 아무것도 볼 수가 없지. 그리고 망막 가운데에는 '중심와'라는 부분이 있는데, 아주 또렷하고 정밀한 시각을 담당해. 사람을 비롯한 대부분의 동물은 보통 중심와가 하나인데, 매는 두 개나 있어. 먼저, '중앙 중심와'는 앞쪽을 선명하게 볼 수 있게 해 줘. 멀리 있는 물체를 고해상도로 또렷하게 볼 수 있지. 그리고 '측면 중심와'는 가까이에서 빠르게 움직이는 물체를 정확히 포착해. 이렇듯 매는 날면서 목표물의 위치를 정확하게 알아낼 수 있어서 움직이는 먹잇감을 놓치지 않고 추적할 수 있어. 그래서 정확하게 사냥할 수 있는 거지.

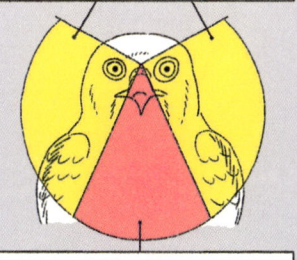

가까운 것은 측면 중심와로 봐.

먼 것은 중앙 중심와로 봐.

> 송골매는 매 중에서도 사냥 실력이 특히 뛰어나. 폭이 좁고 끝이 뾰족한 날개 덕분에 공기 저항을 줄이면서, 시속 300킬로미터가 넘는 빠른 속도로 수직 낙하할 수 있어. 그러면서도 먹잇감을 정확하게 보고 낚아채지.

◆ 사람보다 뛰어난 시력

매의 시력은 사람보다 4~8배 더 뛰어나. 사람이 어떤 물체를 보려면 2미터 앞까지 다가가야 하지만, 매는 20미터나 떨어진 거리에서도 또렷하게 볼 수 있어. 특히 송골매는 3킬로미터 떨어진 곳에 있는 참새도 알아볼 수 있지. 그러니까 사람들이 '매의 눈'이라고 말할 때 진짜 매 입장에서는 당황스러울지도 모르겠어.

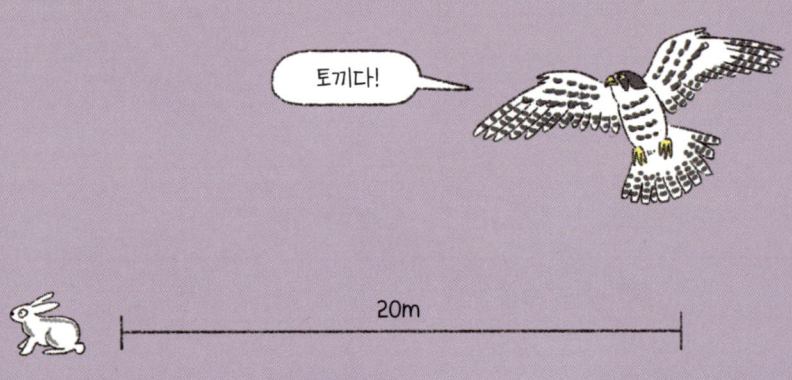

◆ 어둠에는 다소 약한 시력

매는 밝은 낮에는 압도적인 시력을 자랑하지만, 어두워지면 시력이 떨어져. 왜냐하면 눈 속에 '막대 세포'가 적기 때문이야. 막대 세포는 빛이 약한 곳에서도 물체를 볼 수 있게 해 주거든. 그래서 매는 해가 지거나, 비가 오는 흐린 날에는 평소보다 잘 보지 못할 수 있어. 그래도 몸집에 비해 눈이 크고 동공(눈동자)을 많이 열 수 있어서 빛을 최대한 받아들이고, 또 청각과 이전의 경험을 바탕으로 어느 정도 어둠에 적응해서 활동하지.

눈 속에 '막대 세포'가 많은 동물은 어두운 곳에서도 움직임을 잘 알아볼 수 있어. 고양이, 쥐, 올빼미, 너구리처럼 밤에 활동하는 동물들이 그렇지.

매 능력 테스트

1 멀리서도 누구에게 온 택배인지 주소를 똑똑히 볼 수 있나요?

2 3배속으로 빠르게 돌린 댄스 영상을 보며 춤을 따라 출 수 있나요?

3 휴대폰 화면을 보면서 엄마가 읽고 있는 책도 동시에 볼 수 있나요?

4 10m쯤 떨어진 친구가 들고 있는 핫도그에 설탕이 뿌려져 있는지 알 수 있나요?

추가 진실 매는 대부분의 맹금류처럼 암컷이 수컷보다 더 커. 암컷의 몸집이 큰 이유는, 몸속에 영양분을 더 많이 저장할 수 있어 알을 낳는 데 도움이 되기 때문이야. 또 몸집이 크면 힘이 세서 둥지를 지키고 새끼를 보호할 때도 유리하지. 반면, 몸집이 작은 수컷은 더 민첩해서 빠르게 움직이는 먹잇감을 쫓아가 사냥을 잘할 수 있어.

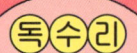

대머리 독수리 같다

머리가 벗겨진 사람에게 '대머리 독수리'라고 놀리듯 부르는 경우가 있지. 하지만 겉모습으로 별명을 지어 부르는 것은 듣는 사람에게 상처를 줄 수 있으니까 그러지 않는 게 좋아. 그런데 대머리 독수리는 왜 머리가 없을까?

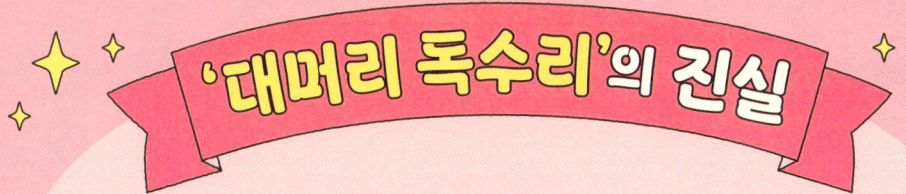

'대머리 독수리'의 진실

✧ 그냥 '독수리'로 불러 줘

흔히 말하는 '대머리 독수리'는 사실 이상한 표현이야. 왜냐하면 '독수리'라는 이름에 이미 '대머리'라는 뜻이 들어 있기 때문이지. '독(禿)'이라는 한자가 '대머리'를 뜻하는 글자라서 '대머리 독수리'라고 부르면, '대머리 대머리 수리'가 되는 셈이지. 그러니까 앞으로는 '대머리 독수리' 대신 그냥 '독수리'라고 불러 줘.

✧ 독수리는 청소부 맹금류

독수리(벌처, Vulture)는 머리에 깃털이 거의 없고 죽은 동물을 먹고 사는 맹금류야. 반면 수리(이글, Eagle)는 머리까지 깃털로 덮여 있고, 날카로운 시력과 발톱으로 직접 사냥하는 맹금류를 말해. 가끔 수리도 죽은 동물을 먹기는 하지만, 대부분은 살아 있는 동물을 직접 사냥해서 먹지. 매나 올빼미가 이런 맹금류에 속해.

'흰머리수리'는 미국의 국조로 지정되어 있고, 지폐나 군복, 깃발 같은 곳에서 자주 볼 수 있어. 머리에 흰 깃털이 있어서 '흰머리수리'라는 이름이 붙었어.

✧ 머리가 없어야 깨끗해

독수리는 머리와 목에 깃털이 거의 없어. 그렇게 진화한 데는 특별한 이유가 있어. 독수리는 머리를 깊숙이 파묻고 죽은 동물을 먹는 경우가 많은데, 머리에 깃털이 있으면 피나 체액, 세균 같은 오염 물질이 깃털에 묻어 쉽게 더러워지고, 병에 걸릴 위험도 커져. 반면, 깃털이 없으면 오염 물질은 바람에 금세 말라 날아가고, 햇빛의 자외선이 머리 피부에 직접 닿아 세균을 죽이는 데도 도움이 돼. 그래서 머리에 깃털이 없는 독수리가 더 잘 살아남을 수 있었고, 그 결과 지금처럼 깃털이 없는 모습으로 진화하게 된 거야.

깨끗하게 먹어야지.

독수리도 태어날 때는 온몸에, 그러니까 머리에도 부드러운 솜털이 나 있어. 이 솜털은 몸을 따뜻하게 해 주고, 바람이나 햇볕 같은 외부 환경으로부터 몸을 보호해 주지. 하지만 자라면서 머리와 목의 털은 점점 줄어들고, 결국에는 거의 없어지게 돼.

독수리는 머리와 목에 털이 없어도 추운 환경을 잘 견뎌. 수천 년 동안 살아오면서, 깃털이 없어도 추운 지역에서 체온을 조절할 수 있도록 진화했거든. 추울 때는 머리와 목의 혈관이 좁아지면서 몸속의 열이 빠져나가는 것을 막고, 더울 때는 혈관이 넓어져 열을 몸 밖으로 내보내지.

독수리는 위험한 적이 다가오면, 자기 뱃속에 있는 것을 토해 내는 행동을 하기도 해. 또한 내용물에서는 고약한 냄새가 나기 때문에, 적이 놀라서 도망치는 경우도 있어. 이런 행동을 '방어적 구토'라고 해. 자신을 지키기 위해 일부러 토하는 거지.

◆ 독수리의 식사

독수리는 넓은 들판이나 산악 지대에 살면서, 죽은 동물의 고기와 내장(몸속 장기)을 먹고 살아. 다른 동물이 잘 먹지 않는 부위까지 먹기 때문에 썩은 냄새가 퍼지는 것을 막아 주고, 병을 일으키는 세균이나 바이러스의 전파도 줄여 줘.

독수리는 직접 사냥을 하지 않기 때문에 발톱으로 움키는 힘은 약해. 하지만 비행 실력은 아주 뛰어나. 햇볕이 강하게 내리쬐면 땅이 데워지고, 바닥에서부터 따뜻해진 공기가 하늘로 올라가는데, 독수리는 이 상승 기류를 타고 힘들이지 않고 하늘 높이 날아오를 수 있어. 날갯짓을 많이 하지 않아도 넓고 긴 날개로 바람을 타며, 오랫동안 천천히 하늘을 맴돌지.

독수리는 혼자보다 무리로 함께 움직여. 한 마리가 먹이를 발견하면 다른 독수리들이 빠르게 모여들지. 그럼 힘센 독수리가 나서서 먹이의 단단한 가죽을 찢고, 그 옆에서 작은 독수리들이 내장이나 살점을 함께 먹어. 단단한 뼈는 공중에서 떨어뜨려 깨뜨린 다음, 안쪽에 있는 골수까지 빼 먹지.

> 썩은 고기를 아무 동물이나 먹을 수 있는 건 아니야. 독수리는 아주 특별한 위를 가지고 있어. 독수리의 위에서는 매우 강한 산성 물질인 '위산'이 나와. 그 세기가 pH 1.0~2.0 정도로, 웬만한 세균이나 해로운 물질도 죽일 수 있을 만큼 강해. 그래서 썩은 고기를 먹어도 배탈이 나지 않고 건강하게 살아갈 수 있지.

◇ 뼈를 좋아하는 '수염독수리'

모든 독수리가 머리에 깃털이 없는 건 아니야. '수염독수리(Bearded Vulture)'는 머리에 깃털이 있는 독수리지. 부리 아래에 난 검은 깃털이 마치 수염처럼 보여서 이런 이름이 붙었어. 수염독수리는 죽은 동물의 뼈를 주로 먹지. 머리를 파묻고 먹을 일이 거의 없기 때문에, 머리에 깃털이 있어도 오염될 걱정이 적어. 또 수염독수리의 위산은 pH 1.0 이하의 매우 강한 산성이라 뼈를 녹이고 뼛속의 골수도 소화시킬 수 있어. 뼈가 너무 클 때는 하늘에서 떨어뜨려 깨뜨린 다음 안쪽을 파먹는 똑똑한 독수리야. 수염독수리는 유럽의 알프스산맥, 아프리카 북쪽, 히말라야산맥처럼 높고 험한 산지에 살아.

하늘을 나는 새 중에 가장 큰 새는 '안데스콘도르'야. 날개를 활짝 펼치면 그 길이가 3미터가 넘을 만큼 거대한 독수리지. '콘도르'라는 말은 '거대한 검은 새'라는 뜻이야. 옛날 남아메리카의 안데스 지역 사람들은 콘도르를 신과 인간을 이어 주는 신성한 동물로 여겼대.

'터키(turkey)독수리'는 칠면조(turkey)를 닮았다고 해서 붙은 이름이야. 머리에 깃털이 없고, 피부에 주름이 많고, 땅 위를 느릿느릿 걷는 모습이 칠면조와 비슷하다고 해. 터키독수리는 후각이 아주 뛰어나서, 냄새로 멀리 떨어진 죽은 동물을 잘 찾아낼 수 있대.

독수리 능력 테스트

1 상한 고기를 보면 군침이 도나요?

2 세균 소독을 위해 햇볕을 쬐나요?

3 먹을 것을 꺼낼 때마다 친구들이 몰려드나요?

4 배탈 난 적이 거의 없나요?

추가 진실 독수리는 크게 두 종류로 나뉘어. 하나는 아메리카 대륙에 사는 '신세계독수리', 다른 하나는 아시아나 아프리카 등에 사는 '구세계독수리'야. 겉모습은 비슷하지만 서로 가까운 친척은 아니고, 각자 비슷한 환경에 적응하면서 진화한 거야. 신세계독수리는 후각이 아주 발달해서 주로 냄새로 먹이를 찾고, 구세계독수리는 후각이 약해서 주로 눈으로 먹이를 찾아.

악어의 눈물

> 야! 너 왜 내 옷 입고 나가!

> 좀 입을 수도 있지, 자매끼리 치사하게.

> 무슨 일이니?

> 언니, 미안해. 다신 안 그럴게.

흑 흑

> 완전 악어의 눈물이네.

> 나? 식사 중일 뿐인데?

> 거짓으로 슬픈 척 흘리는 눈물을 '악어의 눈물'이라고 말해. 거짓되거나 위선적인 행동을 하는 사람을 꼬집을 때 쓰는 표현이지. 그런데 악어는 대체 왜 우는 걸까? 먹이한테 미안해서? 아니면 먹이가 너무 맛있어서?

'악어 눈물'의 진실

◇ 먹이를 씹을 때 눈물 나

악어는 입을 다무는 힘이 동물 중에서 가장 세. 악어가 먹이를 물고 입을 세게 닫으면, 먹이의 뼈가 부서지고 살이 찢어질 정도지. 여러 근육이 함께 움직이면서 턱을 아주 세게 닫을 수 있게 도와주거든. 그런데 이 힘이 머리뼈 전체로 퍼지면서 눈 주변의 신경을 자극하면 눈물샘이 작동하면서 눈물이 나오는 거야. 먹이가 클수록 입을 더 세게 닫아야 하니까 얼룩말이나 물소처럼 큰 동물을 사냥할 때는 어김없이 눈물을 흘리게 돼.

사람은 슬프거나 기쁘거나 화가 날 때처럼 강렬한 감정을 느끼면, 뇌가 눈물샘에 신호를 보내서 눈물이 나. 악어도 감정을 느껴. 새끼를 잃거나 적에게 공격당하면 슬픔이나 두려움을 느낄 수 있지. 하지만 감정 때문에 눈물을 흘리지는 않아. 이것은 사람을 제외한 다른 동물도 마찬가지지.

> 악어는 늪, 강, 호수 같은 물가에서 주로 살아. 그런데 '바다악어'처럼 바닷물에 사는 악어도 있어. 바다악어는 악어 중에서도 무는 힘이 가장 세. 사자나 호랑이보다 약 4배 더 강해.

> 악어의 입을 여는 근육은 닫는 근육보다 훨씬 약해. 그래서 사람이 손으로 악어 입을 꽉 잡으면, 잠깐 동안은 입을 제대로 벌리지 못할 수도 있어. 테이프나 끈으로 감싸면 입을 열기가 더 어렵지. 하지만 아무리 그렇다 해도 매우 위험하니까, 절대로 하면 안 돼.

✦ 숨을 참아도 눈물 나

악어는 물속에서 먹이를 먹지만 물이 기도(공기가 내려가는 길)로 들어가지 않아. 입 천장에 있는 '이차구개'라는 단단한 판이 식도(먹이가 내려가는 길)와 기도를 나눠 주기 때문이야. 그런데 숨을 한껏 들이마시거나 숨을 오래 참을 때는, 식도와 기도 사이에 압력 차이가 생겨. 이때, 그 압력이 눈물샘까지 영향을 주면서 저절로 눈물이 나오기도 해.

✦ 눈이 건조해지면 눈물 나

악어는 물속에 몸을 숨기고, 눈과 콧구멍만 살짝 내놓고 주변을 살펴. 사냥감을 찾기 딱 좋은 자세지. 그런데 물 밖에 오래 있으면 눈이 건조해지기 쉬워. 눈이 마르면 각막이 흐려져 잘 안 보일 수 있고, 심하면 세균에 감염될 수도 있어. 그래서 눈을 보호하기 위해서도 눈물을 흘려. 눈물은 눈을 촉촉하게 유지하고, 눈에 붙은 먼지나 이물질을 씻어 내는 데 도움이 되지.

눈의 각막은 혈관이 전혀 없어서 맑고 투명해. 그래서 빛이 잘 통과하고 굴절되면서, 눈의 가장 안쪽에 있는 망막까지 정확하게 도달할 수 있어. 덕분에 사물의 모양이나 색을 또렷하게 볼 수 있지.

✧ 소금선에서 염분 배출

바다에 사는 바다악어는 몸속의 소금을 반드시 밖으로 내보내야 해. 그렇지 않으면 몸속 세포에서 수분이 빠져나가고, 장기가 망가질 수도 있거든. 바다악어도 먹이를 세게 물면 눈물을 흘리기는 하지만 그 눈물로 소금을 내보내지는 않아. 혀 아래에 있는 '소금선'이라는 기관을 통해 몸속 염분을 아주 짠 침처럼 내보내. 먹이를 통해 들어온 소금도 마찬가지야. 이렇게 입 밖으로 나온 소금물이 얼굴을 타고 흐르다가 눈 근처에서 마르면서 하얀 자국이 생기면, 이걸 보고 악어가 울었다고 착각하는 사람도 있겠지? 하지만 그건 진짜 눈물이 아니라 소금물 자국일 뿐이니까 오해 금지!

소금선에서 소금이 배출되는 모습

바닷물의 염분 농도는 3.5퍼센트나 되는데 바다악어의 체액 속 염분 농도는 0.9퍼센트보다 낮은 농도로 유지돼. 그래서 바다악어의 몸속으로 자꾸 소금이 들어오고, '소금선'을 통해 몸 밖으로 소금을 배출하지 않으면 몸속 염분이 높아지면서 위험해져.

바닷새나 바다거북은 눈 근처에 소금선이 있어. 그래서 몸속 염분을 눈물처럼 흘려 보내지. 눈에서 소금물이 흘러나오니까, 더욱더 눈물처럼 보이겠지.

바다악어는 바닷물과 민물을 오가며 다양한 먹이를 사냥할 수 있어. 먹이가 풍부하고 서식지가 넓다 보니 몸길이가 6미터가 넘을 정도로 크게 자라기도 해. 반면 민물에 사는 악어는 주로 물고기나 작은 동물을 잡아먹고 살지. 주둥이가 좁고 길며 대체로 몸집이 작아.

✦ 평생 교체되는 이빨

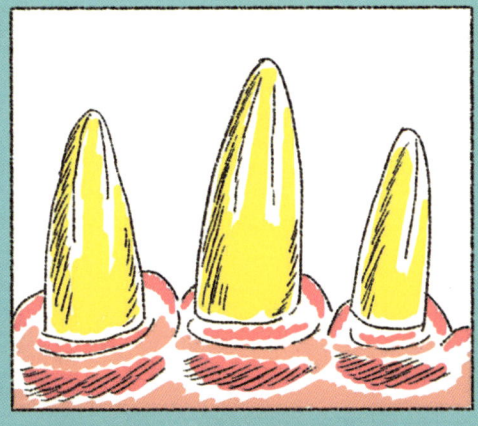

악어의 이빨은 뾰족하고 튼튼한 원뿔 모양이야. 먹이를 단단히 물어 잘게 토막 내기에 알맞지. 작은 먹이는 그냥 통째로 삼키기도 해.

보통 60~80개의 이빨이 있는데, 앞쪽 이빨은 길고 뾰족하고, 뒤쪽 이빨은 좀 짧고 굵어. 위턱과 아래턱에 골고루 나 있어서, 한번 물면 절대로 놓지 않지. 그리고 놀라운 사실! 악어는 평생 이빨이 계속 새로 나. 하나가 빠지면, 그 자리에 새로운 이빨이 자라나지. 그러니까 태어나서 죽을 때까지 2,000~3,000개가 넘는 이빨이 새로 나와.

악어는 혀가 입 바닥에 붙어 있어서 자유롭게 움직일 수 없어. 그래서 다른 동물처럼 혀를 움직여 먹이를 더듬기는 어려워. 혀의 뒤쪽과 입천장에는 두꺼운 막(구개판)이 있어서 목구멍을 막아 줘. 덕분에 악어는 물속에서 입을 벌려도 물이 목으로 들어가지 않지.

악어 능력 테스트

1 호박을 깨물어 산산조각 낼 수 있나요?

따라 하지 마세요!

2 슬프고 속상한 일을 겪어도 눈물이 나지 않나요?

내 강아지가 떠났어.

3 입에 문 간식을 쉽게 뺏기나요?

네가 내 젤리 먹었지? 입 열어 봐!

4 너무 더운 날, 입가에 소금이 생긴 적이 있나요?

이거 소금 아닌데.

추가 진실 악어의 눈동자는 고양이처럼 세로로 길어. 밝을 때는 눈동자가 가늘게 줄어들어서 빛이 너무 많이 들어오지 않게 막고, 어두울 때는 눈동자가 커져서 더 많은 빛을 받아들이지. 그래서 악어는 낮에도 밤에도 물속에서도, 잘 볼 수 있어.

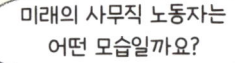

'거북 목'의 진실

◆ 유연한 거북 목

대부분의 거북은 목을 'S(에스)' 자 모양으로 아래로 접어서 머리와 함께 딱딱한 등딱지 안으로 숨길 수 있어. 이렇게 등딱지와 배딱지 사이에 머리를 넣으면, 천적(해가 되는 모든 생물)으로부터 몸을 안전하게 잘 보호할 수 있어. 위험이 지나가면 S 자 모양으로 접었던 목을 천천히 펴면서 부드럽게 앞으로 내밀어. 거북의 목은 일자로 뻗은 게 아니라, 여러 마디로 나뉜 목뼈와 근육 덕분에 아주 유연하게 움직이거든.

거북은 때때로 목을 앞으로 쭉 내밀기도 해. 자세를 바꾸거나, 먹이를 찾거나, 주변을 살필 때 그런 행동을 하지. 하지만 이 자세를 오랫동안 유지하지도 않고, 사람만큼 목에 부담이 가는 자세도 아니야. 사람들이 말하는 '거북 목'은 실제 거북의 목과는 전혀 관계가 없어.

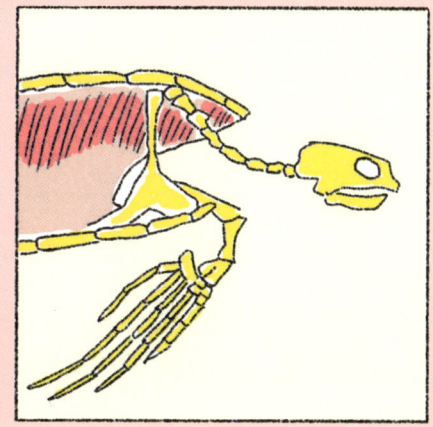

> 거북의 목뼈 개수는 사람보다 하나 더 많은 여덟 개야. 이 뼈들은 부드럽게 움직이도록 관절로 연결되어 있어서, 목을 접거나 구부리기가 쉬워.

✧ 방어 말고 공격하는 거북

어떤 거북은 목을 옆으로 접어서, 등딱지로 숨겨. 이때 머리는 등딱지 밑으로 들어가지만 목 전체가 완전히 감춰지지는 않기 때문에 몸을 완벽하게 보호하기는 어려워. 대신 이렇게 생긴 거북은 목을 더 빠르게 움직일 수 있어. 민물에 사는 몇몇 거북이 이런 방식으로 목을 숨기는데, 천적을 피하기보다는 빠르게 움직여 공격할 수 있도록 환경에 맞게 적응한 거지.

민물에 사는 뱀목거북

바다거북의 목은 앞으로 살짝 내밀거나 아래로 구부릴 수 있는 정도야. 목이 짧고 두꺼워서 다른 거북처럼 깊숙이 접어 숨기기는 어려워. 그래도 걱정은 없어. 바다거북은 몸집이 크고 등딱지가 단단해서 다 자라면 상어를 빼고는 무서운 천적이 거의 없거든.

등딱지 배딱지

거북의 등딱지는 등뼈와 갈비뼈가, 배딱지는 가슴 부위의 뼈들이 오랜 세월 동안 변해서 만들어졌어. 즉, 거북은 뼈로 된 갑옷을 입고 있는 셈이지.

✦ 체온이 변해

거북은 스스로 체온 조절을 하지 못해. 그래서 날씨가 더우면 체온이 올라가고, 추우면 체온이 내려가. 더울 때는 물속이나 그늘로 가서 몸을 식히고, 추울 때는 햇볕을 쬐거나 따뜻한 바위 위로 올라가 몸을 데우지. 더 추워지면 거북은 거의 움직이지 않고, 이때는 호흡과 심장 뛰는 속도가 느려져. 따로 먹이를 먹지 않아도 몸에 저장된 지방을 조금씩 써 가면서 추위를 버텨 낼 수 있어.

거북은 육지, 민물, 바다 등 다양한 곳에서 살아. 그리고 먹는 것도 거북마다 달라. 어떤 거북은 식물만 먹고, 어떤 거북은 작은 동물만 먹어. 또 어떤 거북은 식물도 먹고 동물도 먹지. 이렇듯 여러 가지를 먹는 거북을 잡식성 거북이라고 해. 잡식성 거북은 환경 변화로 하나의 먹이가 없어져도 다른 먹이로 살아갈 수 있어서, 더 오래 살아남을 수 있었어.

✦ 알을 낳자마자 떠나

암컷 거북은 알을 낳은 뒤 흙으로 덮고, 자리를 떠나. 알에서 깨어난 새끼는 어미의 도움 없이 스스로 땅을 파고 나와서 물이나 안전한 곳까지 이동해야 하지. 그 뒤로도 새, 게, 물고기 같은 천적의 위협을 피해 혼자 살아가야 해. 그래서 새끼의 생존율이 매우 낮아. 바다거북은 부화한 새끼 중 1퍼센트도 채 되지 않는 일부만 어른이 돼. 반면 악어는 어미가 새끼를 적극적으로 돌봐. 알을 낳은 자리를 지키고, 흙을 파서 부화를 도와주기도 해. 또 입으로 새끼를 물어 물가까지 옮겨 주기도 하지. 이런 보호 덕분에 새끼 악어의 초기 생존율은 거북보다 5배는 높아.

거북 대부분은 알이 부화할 때의 온도에 따라 새끼의 성별이 결정돼. 따뜻한 곳에서는 암컷, 시원한 곳에서는 수컷이 태어나는 경우가 많아.

거북 못지않게 악어도 아주 오래전부터 지구에서 살아온 동물이야. 지금 모습의 악어는 약 1억 년 전쯤에 나타났지. 악어가 강한 턱과 날카로운 이빨로 공격력을 키워 생존했다면, 거북은 단단한 등딱지로 몸을 방어하는 방식으로 생존해 왔어.

강력한 힘을 보여 주마!

VS

얼마든지 막아 주지!

거북 능력 테스트

1 등으로 어떤 공격도 전부 막아 낼 수 있나요?

덤벼!

2 목이 안 보이게 감출 수 있나요?

이러면 목이 안 보이지?

3 추운 겨울이 되면 아예 먹지 않고 잠만 잘 수 있나요?

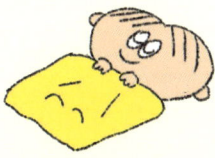

엄마, 나 겨울잠 잘게요. 밥은 한 끼만 주세요. 간식도요.

4 태어났을 때 엄마, 아빠를 본 기억이 있나요?

본 기억이 없어. 왜지?

추가 진실 거북은 수명이 아주 길어. 보통 50~150년쯤 살고, 190년 넘게 산 거북도 있어. 힘이 세거나 빠르진 않지만 느리고 안정적인 생활 방식 덕분에 환경이 바뀌어도 천천히 잘 적응하며 살아왔지. 이런 능력 덕분에 거북은 2억 2천만 년이라는 긴 시간 동안 수많은 변화를 견디며 살아남을 수 있었어.

금붕어 기억력

금붕어

응, 이따 봐!

한 시간 뒤 분식집에서 만나!

한 시간 뒤.

왜 안 와? 어디야?

나 집인데! 왜?

뭐? 우리 만나기로 했잖아!

헉! 깜빡했어! 나 기억력이 금붕어네.

이 모욕을 오래오래 기억하겠어!

기억력이 짧아 금방 잘 잊어버리는 사람에게 '금붕어 기억력'이라고 말해. 같은 실수를 반복하는 사람을 놀릴 때도 쓰이는데, 이런 말은 상대방의 기분을 상하게 할 수도 있으니까 주의해서 쓰는 게 좋아. 흔히 금붕어 기억력이 3초밖에 안 된다고 하는데, 정말 그럴까?

'금붕어 기억력'의 진실

◆ 뛰어난 기억력

금붕어는 먹이를 다 먹고도 입을 계속 뻐끔거리며 움직여. 마치 먹이를 더 달라는 것처럼 보이지. 이런 모습 때문에 기억력이 나쁘다는 오해가 생겼나 봐. 그런데 사실 금붕어는 기억력이 꽤 좋은 동물이야. 영국 플리머스대학교에서 이런 실험을 했어. 수조 안에 막대기를 누르면 먹이가 나오는 장치를 설치하고 금붕어를 관찰했는데, 금붕어가 먹이 먹는 방법을 금방 익혔대. 나중에는 정해진 시간에만 막대기가 작동되도록 바꿨는데, 금붕어는 그 시간에 맞춰 막대기를 눌렀지. 작은 몸에 작은 뇌를 가졌지만, 학습하고 기억하는 능력은 꽤 뛰어나지?

더 달라는 게 아니라 삼키는 중이라고!

금붕어가 입을 뻐끔거리는 이유는 물을 아가미로 보내서 산소를 얻기 위해서야. 먹이를 먹고 나서는 입안에 남은 먹이를 목구멍 쪽으로 보내기 위해 뻐끔거리지. 금붕어의 이빨은 입안이 아니라 목구멍 안쪽에 있거든. 그곳에서 먹이를 으깨고 삼켜.

금붕어는 나이가 들어도 환경이 좋으면 조금씩 더 자랄 수 있어. 보통 5~30센티미터 정도까지 크고, 품종이나 환경에 따라 더 크게 자라기도 해. 하지만 어느 시기가 지나면 성장 속도는 아주 느려지고, 좁은 수조에서는 제대로 자라지 않아. 작은 금붕어라도 가로 50센티미터가 넘는 공간이 필요하고, 배설물이 많기 때문에 물을 자주 갈아 줘야 해.

✦ 금붕어끼리 서로를 기억해

금붕어는 장소뿐 아니라 다른 금붕어와의 관계도 기억할 수 있어. 한 실험에서는 두 마리 금붕어가 먹이를 두고 싸우는 모습을 또 다른 금붕어가 투명한 칸막이 너머로 관찰하게 했어. 그 금붕어는 두 금붕어 중에 누가 이기고 졌는지를 지켜봤어. 실험자는 칸막이를 치우고 세 마리 금붕어를 만나게 했어. 그러자 관찰하던 금붕어는 싸움에서 이긴 금붕어에게는 조심스럽게 다가가거나 몸을 피했고, 다른 금붕어에게는 더 활발히 다가갔어. 싸움의 결과를 기억하고, 그것에 따라 다르게 행동한 거야. 이 기억이 얼마나 오래 가는지 확인해 봤더니, 최소 3개월 이상을 기억하고 행동을 조절했다고 해. 그만큼 금붕어는 똑똑해.

✦ 머리 양옆의 눈으로 넓게 봐

금붕어는 머리 양쪽에 눈이 달려 있어서 한 번에 300도 이상의 넓은 범위를 볼 수 있어. 하지만 눈이 서로 다른 방향을 향하고 있어서, 바로 앞과 바로 뒤가 잘 보이지 않아. 그래서 바로 눈앞에 먹이가 있는데도 머리를 좌우로 흔들며 먹이를 찾는 모습을 보이곤 하지. 또 정확히 뒤에서 다가오는 천적은 알아차리는 데 시간이 걸려.

금붕어는 사람보다 흐릿하게 보여서 가까운 건 봐도, 세밀한 건 잘 보지 못해. 하지만 사람이 보지 못하는 자외선까지 볼 수 있어서 더 많은 색과 빛을 구별할 수 있어.

금붕어 능력 테스트

1 노인이 돼서도 키가 계속 자라나요?

죽을 때까지 크면 좋겠다.

2 마주 보고 대화하려면, 시선을 좌우로 돌려야 하나요?

왜 자꾸 옆을 봐?

3 평소 보던 흰 벽이 다른 색으로 보이나요?

페인트를 새로 칠했나?

4 칠판 글씨가 흐릿하게 보이나요?

안경을 써야 하나?

추가진실 금붕어는 자연에서 저절로 생겨난 물고기가 아니야. 야생 붕어 중에서 특별한 색깔이나 모양을 가진 개체만 골라서 번식을 시킨 결과로 만들어졌지. 그래서 대부분의 금붕어는 사람이 만든 연못이나 수조 같은 인공적인 곳에서 자라고, 천적이 거의 없는 환경에서 지내. 그러다 보니, 몸을 지키기 위한 특별한 방어 수단도 갖추지 못했어.

고양이 세수

얼굴에 물만 묻혀 대충 세수하는 사람을 보고 '고양이 세수'하듯 한다고 말해. 일을 제대로 꼼꼼히 하지 않고, 하는 척만 하는 경우에도 이런 표현을 쓰지. 고양이가 정말 엉터리로 세수를 할까?

'고양이 세수'의 진실

◇ 시간을 들여 꼼꼼하게 세수해

고양이는 혀로 앞발을 핥고, 그 앞발에 묻은 침으로 얼굴을 닦아. 이 모습이 꼭 물에 젖기 싫어서 대충 세수하는 것처럼 보일지도 모르지만, 사실 고양이는 매우 깔끔한 동물이어서 몸을 청결히 하는 데 많은 시간을 쏟아.

> 고양이는 상처가 나면 본능적으로 핥아. 침에는 세균을 막는 데 도움이 되는 효소가 들어 있거든. 하지만 살균 효과가 그리 크지 않아서, 상처가 나면 병원에 가는 게 더 안전하지.

고양이의 세수에는 혀가 중요한 역할을 해. 고양이 혀에는 작고 뾰족한 돌기가 나 있는데, 주걱처럼 오목한 모양이어서 침을 모으는 데 효과적이지. 이 돌기로 몸을 핥으면 먼지나 기생충 같은 이물질이 제거되고, 피부에 있는 피지선도 자극돼. 그러면 기름(피지)이 털에 고루 퍼져서 윤기를 더하고, 피부가 건조해지지 않게 도와주지.

> 혀의 돌기는 뭉친 털을 푸는 데도 도움이 돼.

> 고양이뿐 아니라 호랑이, 사자 같은 고양잇과 동물도 혀에 돌기가 있어. 다만 몸집이 커서 혀로 온몸을 씻어 내기는 힘들어. 그래서 물로 몸을 씻지. 특히 호랑이가 그래.

시원해.

47

✦ 생존을 위해

고양이는 털을 깨끗이 정리하면서 건강도 지켜. 털을 정리하지 않으면 먼지나 기생충 때문에 피부병이 생기기 쉽고, 몸이 약해져 다른 병에 걸리기도 쉬워. 야생에 사는 고양이는 몸에서 나는 냄새를 없애려고 세수를 해. 포식자(다른 생물을 사냥해서 먹는 생물)는 냄새를 잘 맡기 때문에 몸에서 냄새가 나면 위치를 쉽게 들켜 공격당할 수 있거든. 고양이가 꼼꼼하게 세수하는 건 단순히 깨끗해지기 위한 행동이 아니라, 목숨을 지키기 위한 중요한 습관임을 알아줄 필요가 있어.

음, 촉촉해.

고양이는 코를 핥는 습관이 있어. 코를 촉촉하게 유지하면, 공기 중의 냄새 분자가 더 잘 붙어서 더 정확한 냄새를 맡을 수 있어.

✦ 수염 관리

고양이는 입 주변, 눈 위, 턱 아래, 앞다리 뒤쪽에 수염이 나 있어. 이 수염은 몸의 털보다 빳빳하고 길며, 피부 깊은 곳에서 자라서 뿌리가 신경과 연결돼 있어. 그래서 수염이 조금만 움직여도 신경이 자극되어, 그 감각이 바로 뇌에 전달돼. 고양이는 이 수염을 이용해 사냥을 하고, 어두운 곳에서도 방향을 잘 잡고 움직여. 수염이 모든 활동에 중요한 역할을 하지. 그렇기 때문에 수염을 깨끗이 하는 세수를 게을리할 수 없어.

고양이의 수염은 아주 작은 진동까지 감지할 수 있어. 그래서 아무리 어두운 곳에서도 날렵하게 장애물을 피할 수 있지.

수염으로 물체의 위치와 거리뿐 아니라, 공간이 얼마나 넓은지도 알 수 있어.

앞다리 수염

기분에 따라 수염의 모양이 달라지는데. 긴장하거나 흥분했을 때는 수염이 앞으로 뻗고, 편안할 때는 옆으로 퍼지지.

고양이는 사냥한 먹잇감을 앞발로 누르고 탐색하는 습성이 있는데, 이때 앞다리 뒤쪽에 난 수염이 먹잇감의 움직임을 느끼는 데 많은 도움이 돼. 고양이가 앞다리 뒤쪽을 유독 열심히 핥는 이유겠지.

✧ 체온 조절

대부분의 포유류는 땀샘이나 혀를 이용해 체온을 조절해. 그런데 고양이는 땀샘이 발바닥에만 있어. 그래서 고양이는 털을 핥아 피부에 침을 묻히고, 그 침이 증발하면서 몸의 열을 식히는 방식으로 체온을 조절하지. 발바닥의 땀은, 더운 날보다는 긴장하거나 스트레스를 받았을 때 더 많이 나. 예를 들어 동물병원에 갔을 때, 고양이의 땀 발자국이 바닥에 찍히는 걸 볼 수 있어.

✧ 기분 전환

고양이에게 세수는 식사 뒤의 만족감이나 편안함을 표현하는 행동이기도 해. 또 스트레스를 받았을 때도 얼굴을 닦으며 스스로 마음을 진정시키려고 하지. 그러니까 세수는 기분을 표현하거나 기분을 바꾸는 중요한 행동이야. 하지만 지나친 것은 모자란 것만 못하다고 하잖아? 너무 자주 세수하는 건 피부 알레르기나 기생충 때문일 수 있고, 스트레스를 많이 받고 있다는 신호일 수도 있어. 집에서 고양이를 모시고 있다면 주의 깊게 살펴 줘.

고양이 능력 테스트

1 1년 365일 매일 씻나요?

2 기분 전환을 위해 세수를 한 적이 있나요?

3 어딘가 아프면 평소보다 더 자주 씻나요?

4 혀가 팔꿈치에 닿나요? 등에는요? 엉덩이는요?

추가 진실 고양이는 귀가 아주 밝아서 개가 듣지 못하는 아주 높은 소리까지 들을 수 있어. 또한 두 귀는 각각 180도까지 돌기 때문에 소리가 어디서 나는지 정확히 알아낼 수 있지. 게다가 고양이 귀에는 몸의 균형을 느끼는 기관도 잘 발달해 있어서, 높은 곳에서 떨어져도 몸을 재빨리 돌려 네발로 착지할 수 있어.

올빼미 생활

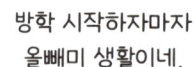

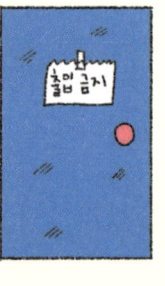

밤낮이 바뀐 채로 생활하는 사람에게 '올빼미 생활'을 한다고 말해. 올빼미가 밤에 활약하긴 하지.

'올빼미 생활'의 진실

한쪽 눈 뜨고 자는 중…

✧ 낮에 자고 밤에 사냥해

올빼미는 대표적인 야행성 새야. 낮에는 독수리나 매 같은 천적을 피해 나무 위나 바위 틈, 땅굴처럼 숨기 좋은 곳에서 잠을 자. 어린 올빼미는 위험에 대비해 한쪽 눈을 뜬 채 잠들기도 해. 이때는 뇌의 한쪽만 잠들고, 다른 쪽은 깨어 있는 상태야. 이런 잠을 '반구수면'이라고 해. 하지만 다 큰 올빼미의 경우, 안전한 장소에서는 두 눈을 감고 푹 자. 하루에 12시간 가까이 자는 경우도 있지.

한편 올빼미는 아주 예민한 청각, 어두운 밤에도 잘 보는 큰 눈, 거의 들리지 않는 날갯소리, 머리를 크게 돌릴 수 있는 신체 구조 때문에 예로부터 신비로운 동물로 여겨졌어.

북극 지역에 사는 흰올빼미는 낮에도 활동해. 여름에는 해가 지지 않는 '백야' 현상이 생기기 때문이야. 그래서 흰올빼미의 생활 방식은 밤이 아닌 낮에 사냥하도록 바뀐 거야.

◆ 빛을 모으는 눈

올빼미의 눈은 머리에 비해 아주 커. 몸무게의 5퍼센트를 차지할 정도이고, 몸무게 대비 눈의 비율로 따지면 사람의 눈보다 약 100배는 더 크다고 해. 눈이 크면 그만큼 빛을 더 많이 받아들일 수 있지. 올빼미의 망막에는 빛을 감지하는 '막대 세포'가 많은 데다, 동공을 크게 확장할 수도 있어서 어두운 밤에도 사람보다 훨씬 더 잘 볼 수 있지.

게다가 올빼미의 눈은 사람처럼 둥근 공 모양이 아니라, 앞뒤로 길쭉한 관처럼 생겼어. 이런 눈 모양은 빛을 받아들이는 부분이 더 넓어서 어두운 곳에서도 잘 볼 수 있게 도와주지.

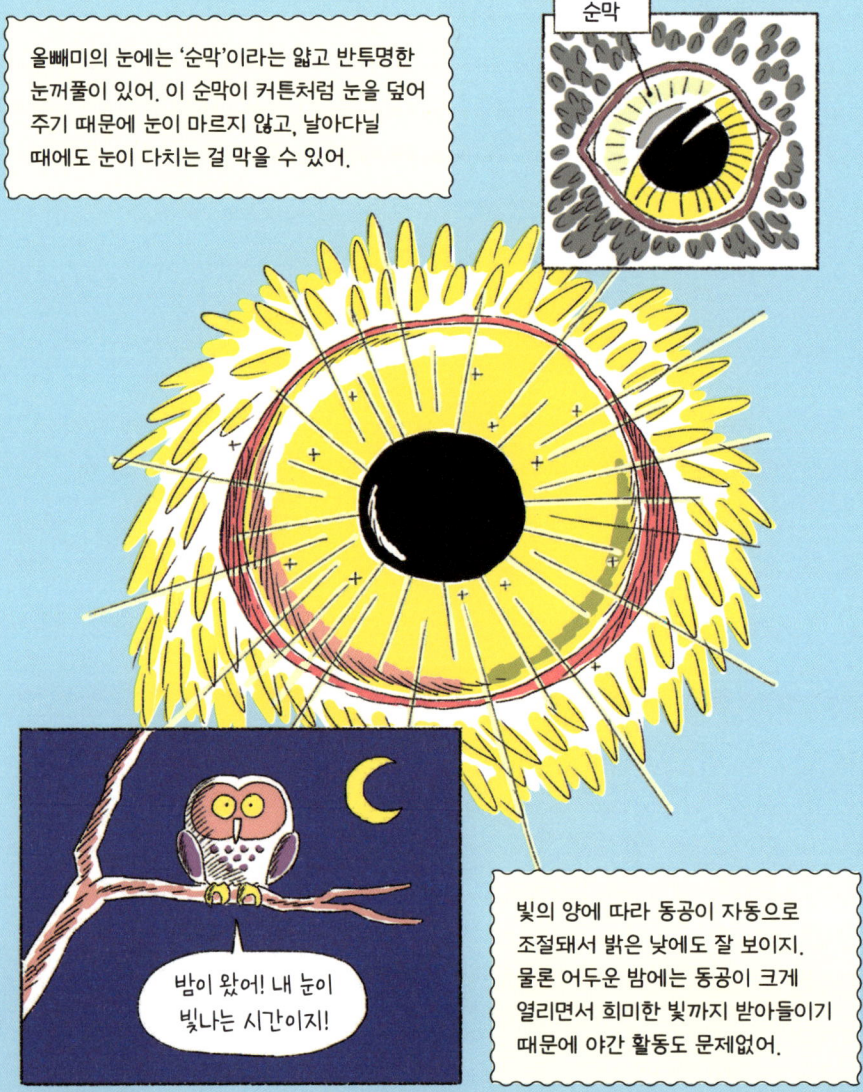

올빼미의 눈에는 '순막'이라는 얇고 반투명한 눈꺼풀이 있어. 이 순막이 커튼처럼 눈을 덮어 주기 때문에 눈이 마르지 않고, 날아다닐 때에도 눈이 다치는 걸 막을 수 있어.

순막

밤이 왔어! 내 눈이 빛나는 시간이지!

빛의 양에 따라 동공이 자동으로 조절돼서 밝은 낮에도 잘 보이지. 물론 어두운 밤에는 동공이 크게 열리면서 희미한 빛까지 받아들이기 때문에 야간 활동도 문제없어.

✧ 눈 대신 목을 돌려

올빼미의 눈은 '공막 고리'라는 눈알을 단단하게 붙잡아 주는 뼈에 고정돼 있어서 사람처럼 눈알을 움직일 수가 없어. 그래서 주변을 보려면 눈 대신 목을 돌려야 해. 올빼미는 목을 좌우로 270도까지 돌릴 수 있어. 덕분에 가만히 앉아 있어도 거의 모든 방향을 살필 수 있고, 먹이도 쉽게 찾아낼 수 있지.

올빼미는 목을 아주 많이 돌려도 뼈가 부러지거나 혈관이 다치지 않아. 왜냐하면 올빼미의 목뼈 안에는 혈관이 지나갈 수 있는 넓은 공간이 있어서 혈관이 눌리지 않거든. 그래서 뇌로 가는 피도 끊기지 않고, 항상 안정적으로 흐르지.

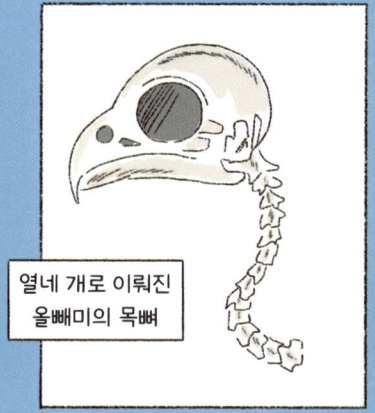

열네 개로 이뤄진 올빼미의 목뼈

사람은 목뼈가 일곱 개이지만, 올빼미는 열네 개나 돼. 새들 중에서도 목뼈 수가 많은 편이라, 더 부드럽고 크게 목을 돌릴 수 있어.

✦ 소리를 잡아내

올빼미의 얼굴은 평평하고 둥근 원반 모양이야. 이 구조 덕분에 소리를 더 잘 모아서 귀로 보낼 수 있지. 올빼미가 소리를 잘 듣는 비결은 또 있어. 왼쪽 귀와 오른쪽 귀의 위치가 서로 달라. 한쪽 귀가 다른 쪽보다 조금 더 높거나 낮게 자리 잡고 있어. 겉보기에는 같은 위치로 보여도, 실제로 귀 안쪽 구조는 비대칭인 경우가 많아. 이렇게 귀의 위치와 구조가 다르면, 같은 소리라도 양쪽 귀에 도달하는 시간과 세기가 다르지. 올빼미는 이 작은 차이를 이용해서 소리가 나는 방향과 거리를 아주 잘 알아낼 수 있어. 그래서 아무것도 보이지 않는 깜깜한 밤에도 먹이를 쉽게 찾아낼 수 있는 거야.

올빼미는 날아갈 때 거의 소리가 나지 않아. 날개 끝에 난 부드러운 솜털 같은 깃털이 날갯짓할 때 생기는 소리를 흡수해 주기 때문이지. 매처럼 날개가 날렵한 새들도 조용히 날지만, 올빼미처럼 소리를 완전히 없애지는 못해. 반대로, 기러기처럼 덩치가 큰 새들은 날갯짓 소리가 커서 멀리서도 쉽게 들을 수 있어.

올빼미 능력 테스트

1. 한쪽 눈을 뜨고 잠잘 수 있나요?

2. 한밤중에 불을 켜지 않아도 뚜렷하게 잘 보이나요?

3. 목을 뒤통수까지 돌릴 수 있나요?

4. 상대가 눈치채지 못하게 소리 없이 접근할 수 있나요?

추가 진실 올빼미뿐 아니라 많은 새들이 나뭇가지 위에서 자도 쉽게 떨어지지 않아. 새가 발가락으로 나뭇가지를 움키면, 다리 근육이 수축하면서 발 안쪽의 힘줄이 자동으로 당겨져. 이 힘줄은 근육에 힘을 주지 않아도 잠금장치처럼 작동해서 고정된 상태를 유지해 줘. 그래서 새는 나뭇가지에서 편하게 휴식을 취하거나 잠을 잘 수 있지.

까치집

아침 식사 시간.

아, 너무 졸려.

늦었으니까 빨리 해!

치카 치카

학교 다녀오겠습니다.

흠, 머리는 빗고 가야 할 것 같은데.

세상에! 머리가 까치집이잖아!

우리 집이 어디 있다는 거야?

머리를 제대로 빗지 않아서 잔뜩 헝클어진 모습을 보고 흔히 '까치집'을 지었다고 말해. 까치들이 얼마나 정성스럽게 집을 짓는지 안다면, 농담으로라도 그런 말은 쉽게 못 할걸?

'까치집'의 진실

◇ 공들여 만든 정교한 집

까치는 암컷과 수컷이 함께 둥지를 지어. 보통 높이가 10미터 이상 되는 키 큰 나무 위에, 길고 짧은 나뭇가지를 얼키설키 쌓아 집을 만들어. 처음에는 헐겁게 얹힌 나뭇가지들이 자꾸 떨어지기도 해. 하지만 까치는 포기하지 않고 계속 시도하지. 가지를 가로로만 쌓지 않고 세로로도 교차해서 보다 정교하게 얽히고 맞물리게 만들어. 이렇게 기본 틀이 완성되면, 그 사이에 진흙과 풀을 넣고 발로 꾹꾹 눌러서 단단하게 다져. 튼튼하고 정교한 구조로 유명한 '까치집'은 자연의 놀라운 건축물로 손꼽히지.

까치는 길이가 10~90센티미터 되는 나뭇가지를 수백 개쯤 모아서 집을 만들어. 긴 가지와 짧은 가지가 서로 얽히면, 튼튼하면서도 유연한 구조가 만들어지기 때문에 바람이 불거나 충격을 받아도 쉽게 무너지지 않아.

영리한 까치들은 길에 버려진 금속이나 플라스틱 조각을 활용해서 집을 짓기도 해.

✧ 돔 모양의 안전한 집

까치는 나뭇가지로 기본 틀을 만든 뒤에 둥지의 지붕을 지어. 작은 출입구를 빼고는 위쪽까지 다 덮인 돔 모양이지. 그래서 비바람에도 끄떡없고, 맹금류 같은 천적에게서도 새끼를 잘 지킬 수 있어. 이런 지붕까지 있는 둥지는 흔치 않아. 대부분의 새들은 바닥만 만들고, 위는 열려 있는 둥지를 짓거든. 까치는 둥지가 다 지어지면 3~5월 사이에 4~6개의 알을 낳고 약 두 달 동안 새끼를 키워. 여름이 되어 새끼들이 다 자라 둥지를 떠나면 부모 까치도 그 집을 더 쓰지 않고 떠나.

빈틈이 없잖아!

잠깐 쉬었다 갈까?

가끔은 번식이 끝난 뒤에도 예전 둥지를 쉼터나 먹이 저장소로 쓰기도 해. 까치는 계절이 바뀐다고 먼 곳으로 떠나는 철새가 아니라 한 지역에서 사는 텃새라 둥지를 다시 찾는 일이 있는 거지. 하지만 그 둥지에서 계속 생활하거나 잠을 자진 않아.

✦ 한번 맺은 짝과 평생 함께해

까치는 알에서 깨어나 첫해의 봄을 보내고, 두 번째 봄이 되면 짝을 찾기 시작해. 까치는 한 번 짝을 맺으면, 5년 정도의 수명 동안 함께 살며 해마다 둥지를 짓고 알을 낳아 새끼를 키우지. 보통은 매년 새 둥지를 만드는데, 지난해 둥지가 튼튼하게 남아 있으면 진흙과 지푸라기로 고쳐서 다시 쓰기도 해.

알을 낳을 둥지 바닥에는 마른풀이나 낙엽, 나무껍질 같은 것들을 깔아 포근하고 따뜻하게 만들어.

까치는 번식기가 아닌 가을이나 겨울에는 부모 까치와 그 해 태어난 새끼들이 함께 다니며 가족 단위로 무리를 이뤄. 이렇게 모인 여러 가족이 하나의 집단을 이루기도 해. 그런데 무리 지어 지내다 보면 먹이나 둥지를 놓고 싸움이 일어나기도 해. 서열을 정하려고 싸우다가 다치는 까치도 있고, 심한 경우에는 목숨을 잃기도 하지.

생존과 번식을 위해 죽기 살기로 경쟁하던 까치들도 매처럼 공통의 적이 나타나면, 싸움을 딱 멈추고 다 같이 힘을 합치지. 참 영리하지?

까치 둥지는 50센티미터 이상으로, 크고 튼튼해서 부엉이나 매 같은 맹금류나 다람쥐 같은 동물이 빈 둥지를 다시 이용하기도 해. 다른 동물이 탐낼 만큼 집이 좋기는 하지.

이사 올까?

◇ 까치 발로 통통 구르기

발뒤꿈치를 들고 살금살금 걷는 모습을 보고 '까치 발로 걷는다'고 말해. 하지만 실제로 까치는 그렇게 걷지 않아. 까치의 발은 앞에 발가락이 세 개, 뒤에 하나가 있어서 나뭇가지나 전깃줄을 움키기에 딱 알맞은 구조야. 발가락들이 저절로 오므라들어 쉽게 떨어지지 않지. 하지만 평평한 땅을 걷는 모습은 꽤 어색해 보여. 몸의 무게가 주로 앞 발가락에 실리고, 발가락이 땅에 닿는 면적도 좁아서 균형을 잡기가 어렵기 때문이야. 그래서 뒤뚱뒤뚱 걷거나 통통 튀듯이 움직이지.

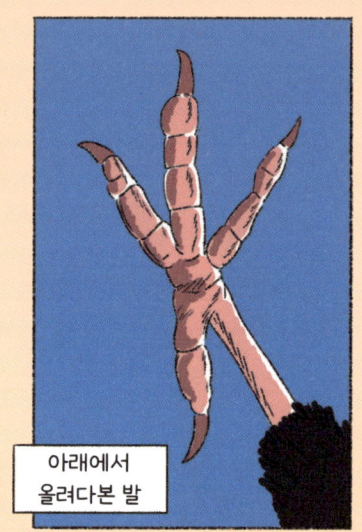

아래에서 올려다본 발

◇ 아주 똑똑해

까치는 새들 중에서도 아주 똑똑한 것으로 알려져 있어. 과학자들이 까치의 몸에 스티커를 붙인 다음 거울을 보여 주는 실험을 했는데, 까치는 거울 속 새가 자기 자신이라는 걸 알아차리고는 몸에 붙은 스티커를 부리로 떼어 내려고 했지. 거울 속 자신을 알아본 새는 까치가 처음이야. 또 까치는 막대기처럼 생긴 물건을 써서 구멍 속에 있는 먹이를 꺼내기도 하고, 자신을 도와주거나 괴롭힌 까치를 오랫동안 잊지 않고 기억한다고 해. 그만큼 까치는 기억력이 좋은 새야.

까치 능력 테스트

1 거센 바람에도 머리카락이 흐트러지지 않나요?

2 부엉이, 매, 다람쥐 등이 내 머리에 관심을 보인 적이 있나요?

흠, 크기는 마음에 드는데!

3 3~5월 사이, 나뭇가지를 놓고 까치와 경쟁한 적이 있나요?

내가 먼저 봤어!
내 거야!

4 매년, 새로운 집으로 이사를 가는 편인가요?

엄마, 우리 이사 안 가요?

추가 진실 까치는 다른 새들처럼 오줌과 똥을 한꺼번에 배출하는데, 하얀 부분이 '오줌'이고, 검은색이나 갈색 부분이 '똥'이야. 잡식성이라 배설물 냄새가 심하고, 배설물이 끈적끈적해서 잘 지워지지 않을 때도 있어. 또 자주 머무는 장소에 여러 번 배설하는 습성이 있어서 한곳에 똥이 많이 쌓이기도 해. 까치 똥에는 '요산'이 들어 있어서 자동차나 건물 외벽이 손상될 수 있어.

게 눈 감추듯

음식을 빠르게 먹는 모습을 보고 '게 눈 감추듯' 먹는다고 말해. 매우 재빠른 행동을 표현할 때도 이 말을 쓰지. 그런데 게는 왜 그렇게 빨리 눈을 감추는 걸까?

'게 눈'의 진실

◆ 순식간에 눈을 감춰

게는 눈꺼풀이 없어서 눈을 감을 수 없어. 그래서 위험한 상황이 닥치면, 반사적으로 눈을 감춰서 보호하지. 게의 눈은 막대기처럼 생긴 눈자루 끝에 달려 있고, 이 눈자루는 자유롭게 움직이는 것은 물론 접을 수도 있어. 게가 위협을 느끼면 눈자루 속의 근육이 움직여, 머리 위쪽 옆면에 있는 작은 홈(안와) 속으로 순식간에 눈을 쏙 집어넣지. 이렇게 하면 눈을 다치지 않게 보호할 수 있어. 게는 바위나 모래 사이를 지날 때도 눈을 감추는데, 눈이 긁히거나 마르지 않도록 하기 위한 행동이야.

두 개의 눈자루를 각각 따로 움직일 수 있어. 그래서 두 눈으로 동시에 서로 다른 방향을 볼 수 있지.

게는 자신이 살고 있는 주변 환경과 비슷한 색과 무늬를 가지고 있어. 이런 '보호색' 덕분에 천적에게 들키지 않고 몸을 숨길 수 있지.

모래 속에 사는 게는 눈자루가 길어서 모래 위로 눈만 내밀고 주변을 살필 수 있어. 모래에 숨어 살기에 알맞도록 눈의 구조가 바뀐 거야. 게는 사는 환경에 따라 눈의 크기나 모양, 역할이 조금씩 달라.

✧ 정밀하게 보긴 어려워

게의 눈은 '겹눈'으로 되어 있어. 겹눈은 아주 작은 눈이 벌집처럼 많이 모여 있는 구조야. 곤충이나 새우도 이런 겹눈을 갖고 있어. 겹눈은 넓은 범위를 한눈에 볼 수 있고, 움직이는 물체를 빠르게 알아차리는 데 아주 유리해. 그 덕분에 게는 주변의 움직임을 감지해서 위험을 피하거나 먹이를 잘 찾을 수 있어. 하지만 겹눈으로는 선명하고 자세하게 보기가 어려워.

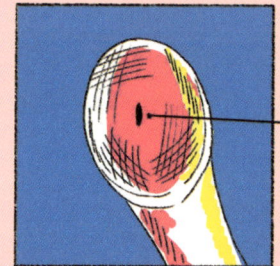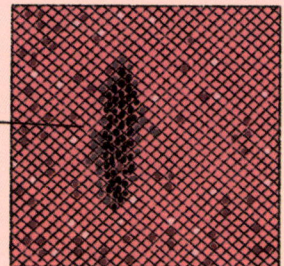

✧ 옆으로 움직여

게의 다리는 모두 열 개야. 다섯 쌍이 양쪽으로 나뉘어 있는데, 그중 네 쌍은 걷는 데 쓰이고, 앞쪽의 한 쌍은 '집게다리'야. 집게다리는 먹이를 잡거나 천적으로부터 몸을 지킬 때 사용해. 게는 다리가 잘려도 다시 자라나. 재생 능력이 있어서 껍질을 벗을 때마다 조금씩 커져서 결국에는 원래 크기로 돌아오지.

게의 다리는 보통 일곱 개의 마디로 이루어져 있어. 각 마디 사이에는 관절이 있어서 자유롭게 움직일 수 있지. 이렇게 마디가 있는 다리를 '절지'라고 해. 게나 새우, 곤충처럼 몸이 마디로 나뉘어 있고, 절지를 가진 동물을 '절지동물'이라고 하지.

게는 보통 옆으로 걸어. 다리가 몸의 양쪽에 붙어 있고, 관절이 좌우로 잘 움직이기 때문에 옆으로 걷는 게 가장 편하지. 하지만 상황에 따라 앞이나 뒤로도 움직일 수 있어.

게의 몸은 '키틴질'이라는 가볍고 단단한 겉껍질로 덮여 있어. 어릴 때부터 여러 번 껍질을 벗으며 몸이 자라나지.

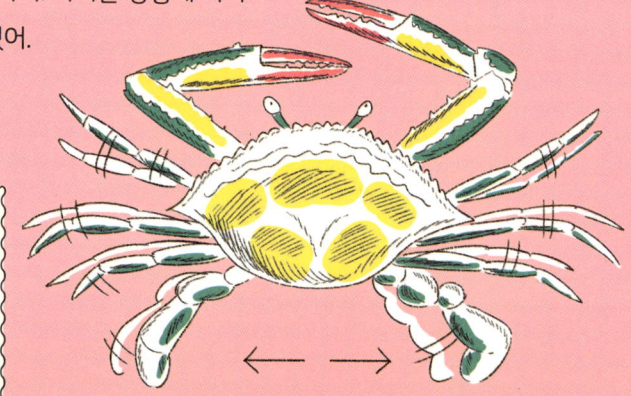

게 능력 테스트

1 두 눈을 순식간에 감출 수 있나요?

2 두 눈이 서로 다른 방향을 동시에 볼 수 있나요?

3 팔이나 다리를 여러 방향으로 자유롭게 움직일 수 있나요?

4 교실에서 감쪽같이 숨을 수 있나요?

추가 진실 게는 잡식성이라 식물도, 작은 동물도 먹어. 먹이를 사냥하기도 하지만, 주로 바다 밑이나 갯벌에 묻힌 죽은 동식물을 먹고 살아. 어떤 게는 모래 속에 있는 식물 조각이나 생물의 찌꺼기를 먹은 뒤, 남은 모래는 몸 밖으로 내보내. 그래서 게는 바다 환경을 깨끗하게 하고, 바다 생태계의 균형을 유지하는 데 도움을 주는 동물이지.

벼룩의 간

벼룩

"새로 생긴 호두과자집 다녀오셨군요."

"어? 하나 남았네. 자!"

"고맙습니다."

"호두과자네? 나랑 나눠 먹자!"

"이 작은 걸 뭘 나눠 먹어! 벼룩의 간을 빼 먹지!"

"뭐? 나한테 간이 있었나?"

더는 뺏을 것도 없을 만큼 가진 게 거의 없는 사람에게서 적은 것을 억지로 빼앗는 행동을 비난할 때 '벼룩의 간'을 빼 먹는다고 말해. 남의 것을 지나치게 욕심내는 모습을 꾸짖을 때도 쓰이지. 벼룩도 아주 작은데, 벼룩의 간은 얼마나 작을까?

'벼룩 간'의 진실

◇ 간은 없어

벼룩은 몸길이가 1밀리미터에서 길어 봐야 4밀리미터 정도로 아주 작고, 간도 없어. 벼룩뿐 아니라 모든 곤충은 간이 없지. 간은 척추동물에게만 있는 기관이야. 대신 곤충에게는 간과 비슷한 일을 하는 '지방체'라는 특별한 조직이 있어. 지방체는 몸속 곳곳에 퍼져 있는데, 특히 배 쪽에 많이 모여 있어.

나 여기 있어!

벼룩은 먹이를 오래 먹지 못했을 때나 알을 낳기 전처럼 힘이 많이 필요할 때 지방체에 쌓아 둔 에너지를 꺼내서 써. 곤충의 지방체는 몸속 영양분을 저장하고, 병균을 막는 단백질을 만들고, 해로운 독소를 없애 주는 역할을 해. 간, 지방 조직, 면역 기관의 기능을 다 하는 셈이지.

문어나 오징어 같은 연체동물은 '소화샘'이라는 기관이 간과 비슷한 역할을 하지. 이 소화샘은 소화 효소를 만들고, 영양분을 흡수하거나 저장해. 게나 새우 같은 갑각류는 간 대신 '간췌장'이라는 기관이 비슷한 일을 해. 불가사리나 성게 같은 극피동물은 소화 기관의 일부가 간처럼 소화와 영양분 저장을 돕지.

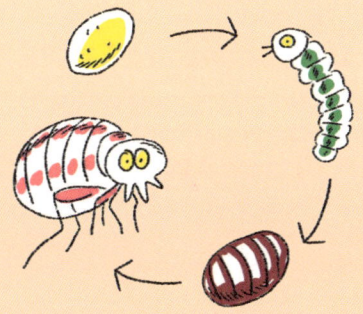

벼룩은 알에서 깨어난 뒤 애벌레(유충), 번데기 단계를 거쳐 어른벌레가 되는 '완전 탈바꿈'을 해. 이렇게 몸의 구조와 기능이 완전히 바뀌려면, 많은 에너지와 단백질이 필요하고, 이를 조절하는 호르몬도 필요해. 벼룩 몸속의 지방체가 이 모든 일을 맡고 있어.

✦ 피를 먹고 살아

벼룩은 포유류나 조류의 피를 빨아 먹고 사는 '흡혈 기생충'이야. 몸은 갈색이나 검붉은색을 띠고, 납작하고 겉껍질이 단단해서 손톱으로 눌러도 쉽게 죽지 않아. 벼룩의 입은 아주 가느다란 바늘처럼 생긴 빨대 모양이라 피부를 뚫고 혈관에 닿기가 쉬워. 자기 몸무게의 15배나 되는 피를 빨 수 있어. 몇 초에서 몇 분 동안 피를 빠는 사이, 피가 굳지 않게 하는 물질과 통증을 느끼지 못하게 만드는 물질을 함께 내보내. 그래서 벼룩에게 피를 빨리는데도 눈치채지 못할 수 있지.

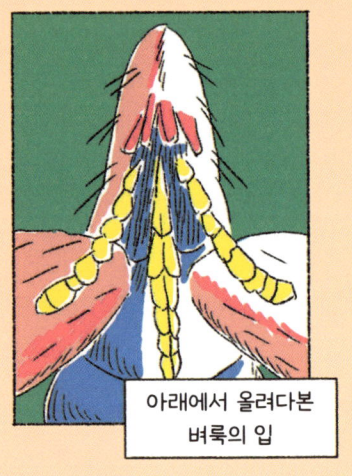

아래에서 올려다본 벼룩의 입

야생에서 쥐나 토끼의 굴, 새 둥지처럼 동물 가까이에 사는 벼룩은 사람과 함께 사는 반려동물의 털 속에서도 발견돼. 어른 벼룩은 동물의 피를 빨아 먹고, 애벌레는 피부 각질이나 비듬 같은 것을 먹어. 애벌레는 보통 카펫 틈이나 침구 밑처럼 어두운 곳에서 숨어 지내.

근처에 맛있는 피가 있군.

벼룩의 눈은 구조가 단순하고, 그래서 시력이 좋지 않아. 어떤 종류는 눈이 거의 퇴화해서 잘 보지 못하지. 그래도 다른 동물이 가까이 오는 건 알아차릴 수 있어. 숨 쉴 때 나오는 이산화탄소, 따뜻한 체온, 바닥의 진동, 빛과 그림자의 변화 같은 자극에 민감하게 반응하거든.

◇ 최고의 점프력

벼룩은 몸길이로 따지면 최고의 높이뛰기 선수야. 메뚜기나 캥거루도 점프를 잘하지만, 벼룩은 자기 몸길이의 100배가 넘게 높이 뛰고, 200배 가까이 멀리 뛸 수 있어. 수직으로는 18~20센티미터까지 점프하고, 수평으로는 33~35센티미터까지 멀리 뛸 수 있거든. 20센티미터라고 하면 사람이 보기엔 가소로우려나. 그럼 이건 어때? 키가 140센티미터인 사람이 140미터, 그러니까 약 40층 건물을 한 번에 뛰어오르는 것과 같아. 이제 벼룩의 점프력이 얼마나 대단한지 실감이 나지?

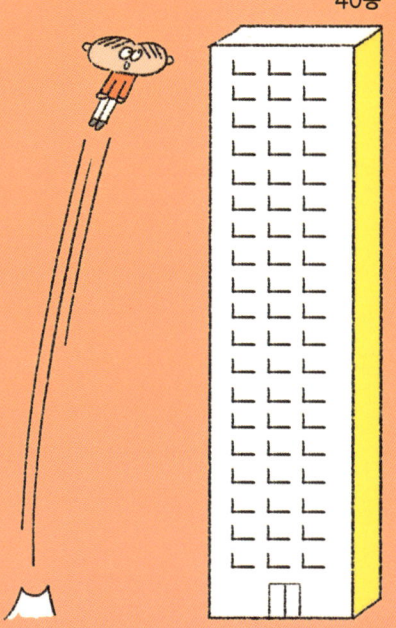

벼룩이 이렇게 잘 뛸 수 있는 비결은 '레실린'이라는 특별한 탄력 단백질 덕분이야. 레실린은 고무보다 3배 이상 잘 늘어나고, 튀는 힘도 아주 강해. 이 단백질은 매미, 메뚜기, 파리, 바퀴벌레 같은 곤충의 다리나 날개에도 들어 있어. 특히 벼룩은 세 쌍의 다리 중 맨 뒷다리에 레실린이 많아서, 점프에 필요한 에너지를 몸속에 저장했다가 한꺼번에 터뜨릴 수 있어.

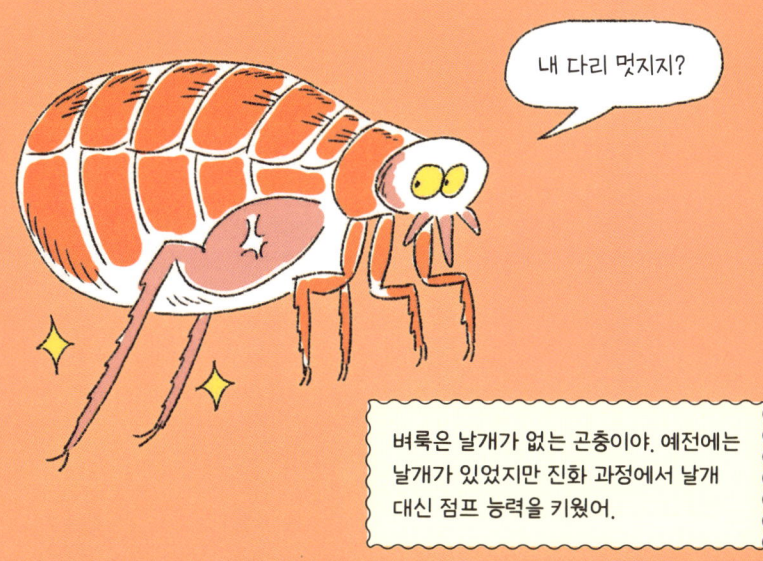

내 다리 멋지지?

벼룩은 날개가 없는 곤충이야. 예전에는 날개가 있었지만 진화 과정에서 날개 대신 점프 능력을 키웠어.

✧ 흑사병을 옮긴 불청객

벼룩이 물면 가렵고 피부가 붉게 부풀면서 염증이 생길 수 있어. 그런데 벼룩은 단순히 피만 빠는 게 아니라, 병균을 옮기지. 중세 유럽에서 많은 사람이 목숨을 잃은 흑사병은 병에 걸린 쥐에 붙어 있던 쥐벼룩이 사람에게 병균을 옮기면서 퍼졌어. 그 밖에도 벼룩은 열이 나고 피부에 붉은 반점이 생기는 발진티푸스 같은 병도 퍼뜨릴 수 있어. 벼룩은 그저 살아남기 위해 피를 빨지만, 사람에게는 불청객일 수밖에 없지.

벼룩의 애벌레는 주변에 떨어진 촌충 같은 기생충의 알을 먹기도 해. 그 알은 벼룩의 몸속에서 애벌레로 자라고, 그 애벌레는 벼룩을 삼킨 고양이나 개의 몸속에서 어른 촌충으로 자라나. 이런 방식으로 벼룩은 촌충이 번식하는 데 중요한 역할을 해.

벼룩은 피를 빨아들인 뒤, 소화관에서 영양분을 빠르게 흡수하고 남은 수분은 바로 배설해. 흡혈한 뒤에 나오는 검붉은 배설물은 소화하고 남은 혈액 찌꺼기야. 이 배설물은 바닥이나 침구에서 주로 볼 수 있고, 벼룩 애벌레의 먹이가 되기도 해.

19세기 영국 런던, 프랑스 파리, 미국 뉴욕에서는 '벼룩 서커스'라는 공연이 인기였어. 벼룩이 마차를 끌거나 공을 차고, 외줄을 걷는 것처럼 보이게 연출한 공연이었어. 관객들은 돋보기를 들고 벼룩을 구경했지. 아주 가는 실을 묶거나, 물건에 벼룩을 붙여 움직임을 조절하면서 다양한 장면을 만들어 냈어.

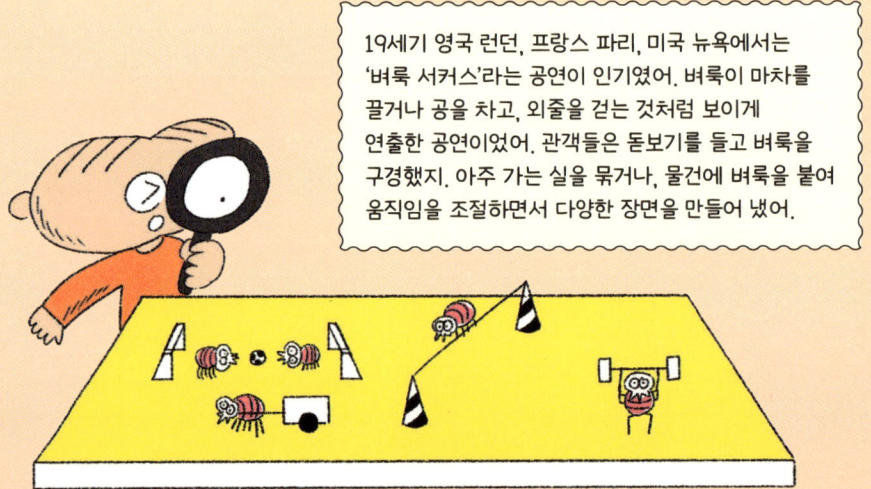

벼룩 능력 테스트

1 이로 베어 먹지 않고, 토마토즙만 쪽쪽 빨아 먹을 수 있나요?

2 걷거나 뛰는 대신 주로 점프해서 이동하나요?

3 먹지 않을 때는 이불, 옷, 카펫 등에 몸을 숨기고 있나요?

4 눈을 가린 상태에서도 옆에 누가 있는지 알 수 있나요?

추가 진실 벼룩은 번식력이 아주 강해. 암컷 한 마리가 하루에 20~50개 정도의 알을 낳고, 평생 500개에서 많게는 1,000개 가까이 알을 낳을 수 있어. 그래서 집 안에 벼룩이 한 쌍만 들어와도 한두 달 만에 수백 마리로 늘어날 수 있지. 따뜻하고 숨기 좋은 곳이라면, 번식 속도는 더 빨라져.

한번 빠지면 쉽게 헤어날 수 없는 상황을 두고 '개미지옥'에 빠졌다고 말해. 개미지옥이란 대체 어떤 곳일까?

'개미귀신'의 진실

◇ 완벽한 함정 설계

개미귀신은 '명주잠자리'의 애벌레(유충)를 가리키는 이름이야. 물가에 알을 낳는 다른 잠자리와 달리, 명주잠자리는 특이하게도 흙 속에 알을 낳고, 거기서 개미귀신이 깨어나지. 개미귀신은 개미처럼 작은 곤충을 잡기 위해, 모래에 깔때기 모양의 구덩이를 파 놓는데 이 구덩이를 '개미지옥'이라고 불러.

조금만 더 가까이….

개미귀신은 주로 건조한 땅에 살고, 개미지옥을 만드는 방법은 다음과 같아. 우선 낫처럼 생긴 큰 턱으로 모래를 휙휙 던지며 몸을 빙글빙글 돌려 땅속으로 파고들어. 이렇게 하면 약 5센티미터 깊이의 구덩이가 만들어지지. 구덩이 안쪽은 미끄러지기 쉬운 경사 구조야. 개미 같은 작은 곤충이 빠지면, 발버둥 칠수록 점점 더 깊이 빠져들어 밖으로 나갈 수 없게 돼. 하지만 개미귀신은 자신이 만든 덫의 구조를 잘 알고 있어서 가장자리로만 다니고, 몸에는 갈고리처럼 생긴 짧고 굵은 털이 나 있고 발도 튼튼해서 경사면에서도 잘 미끄러지지 않아.

턱

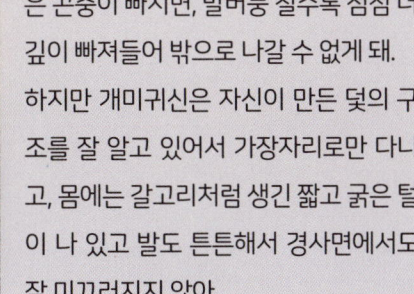

명주잠자리

개미귀신은 애벌레로 2~3년 정도 살고, 이후에는 번데기 상태로 3~4주 동안 지내. 그 뒤에 어른벌레인 '명주잠자리'로 자라게 돼.

✦ 개미에게는 진짜 지옥

개미귀신은 모래 속에 몸을 묻고 꽁무니만 살짝 내놓은 채 먹이를 기다려. 개미 같은 작은 곤충이 구덩이에 빠지면, 더듬이나 털로 진동이 전해져서 바로 알아차릴 수 있지. 먹이가 빠져나가려고 몸부림치면, 개미귀신은 모래를 끼얹어 먹이가 다시 미끄러지게 만들어. 그리고 날카로운 턱으로 먹이를 재빨리 낚아채지. 개미귀신의 턱끝은 송곳처럼 뾰족하고, 그 안에는 아주 가는 관이 있어. 이 관으로 먹이에 독액을 넣으면, 먹이는 금세 마비돼. 그럼 개미귀신은 먹이의 몸속에서 체액만 쏙 빨아 먹어. 먹이가 너무 크면 덫을 망가뜨려서라도 흙 속으로 끌고 들어가. 크든 작든 한번 빠지면 빠져나오기가 매우 힘든 게 바로 개미지옥이지. 누구든 꼼짝없이 잡아먹히는 신세가 되는 거야.

개미귀신은 새 같은 천적이 나타나면, 꼼짝도 하지 않고 가만히 있어. 때로는 한 시간 넘게 죽은 척하며 버티는 경우도 있어.

이제 그만 일어나지?

✧ 모래로 위장하기

개미귀신은 다 자라면 꽁무니에 있는 분비샘에서 실을 뽑아. 그 실에 모래 알갱이를 붙여서 둥근 모래 고치를 만들지. 이 고치는 온몸을 겹겹이 감싸고 있어서 겉보기에는 작은 모래 공처럼 보여. 번데기 상태가 되면 몸을 움직일 수 없기 때문에 새나 뱀, 다른 곤충에게 쉽게 잡아먹힐 수 있어. 그래서 고치가 모래처럼 보이도록 위장해서 포식자의 눈에 띄지 않게 지내는 거야. 개미귀신은 어른벌레가 되기 위해 이 고치 안에서 3~4주 동안 몸의 구조를 바꾸지.

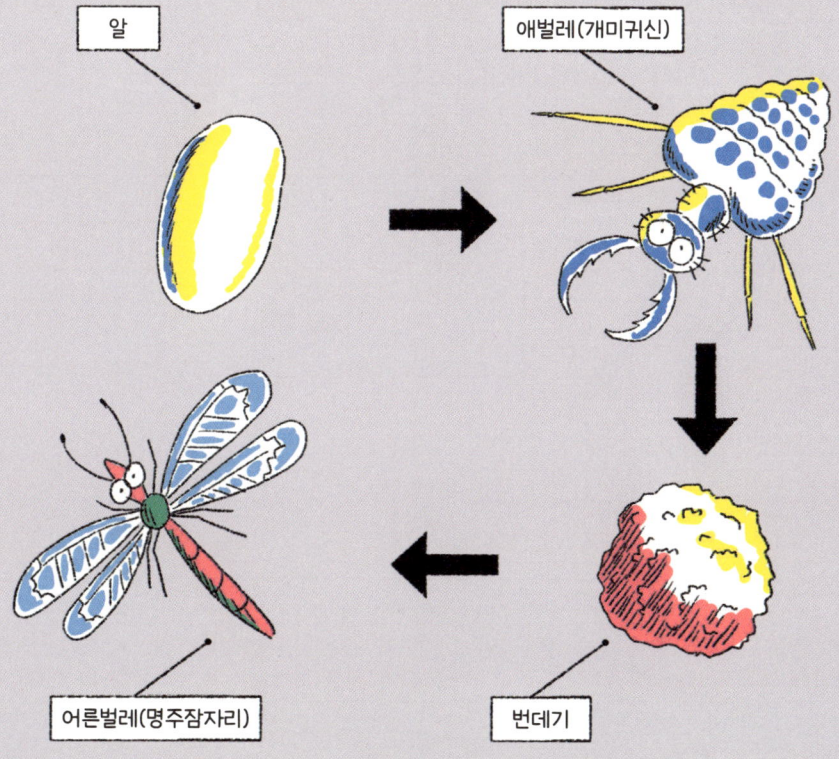

알 → 애벌레(개미귀신) → 번데기 → 어른벌레(명주잠자리)

> 일반적인 잠자리는 알, 애벌레(약충), 어른벌레의 3단계를 거쳐 몸이 바뀌어. 번데기 없이 탈바꿈하는 이런 과정을 '불완전 탈바꿈'이라고 해. 그런데 명주잠자리는 이름에 '잠자리'가 들어가지만 사실은 풀잠자리 종류로 알, 애벌레(유충), 번데기, 어른벌레의 4단계를 거치며 나비, 벌, 파리처럼 '완전 탈바꿈'을 하지.

✦ 대변신! 개미귀신 시절은 잊어

애벌레인 개미귀신은 번데기 시기를 거쳐 어른벌레인 명주잠자리로 자라. 이 과정에서 몸의 모양과 구조가 크게 바뀌지. 납작하고 통통했던 몸은 길고 날씬한 형태로 변하고, 흙투성이였던 겉모습도 밝고 깨끗한 색으로 변해. 애벌레 때 있던 큰 턱은 사라지고 날개가 생기면서 하늘을 날 수 있게 되지. 또 굵은 더듬이와 크고 둥근 머리도 생겨.

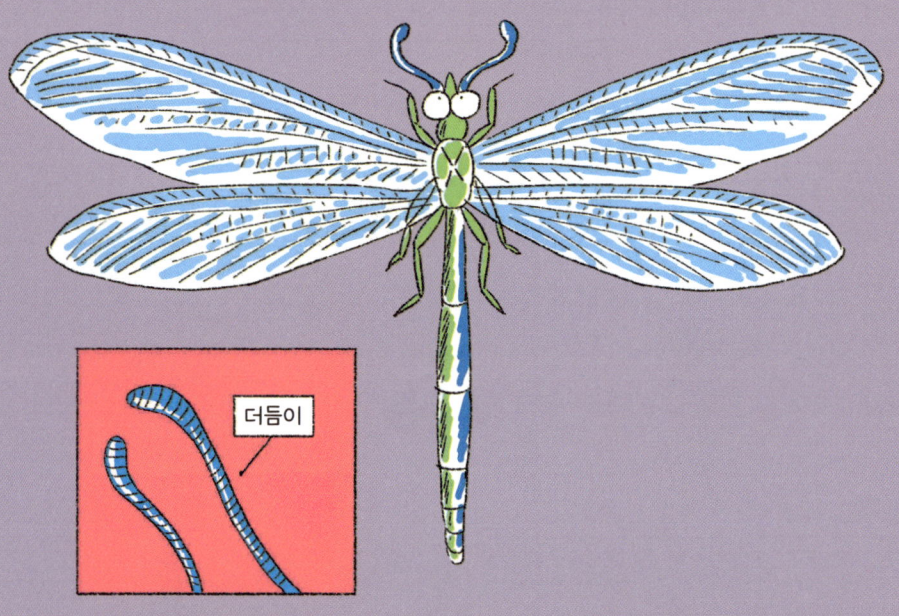

명주잠자리가 된 뒤에는 보통 2~3개월, 짧은 경우 몇 주밖에 살지 못해. 주로 꽃꿀을 먹고 살다가 짝짓기를 하고, 암컷은 모래나 흙 속에 알을 낳은 뒤 생을 마치지.

명주잠자리 한 마리는 하루에 수십 마리의 모기를 잡아먹을 수 있어. 명주잠자리는 농약을 쓰지 않고도 자연적으로 해충 피해를 줄이는 데 도움이 되지.

개미귀신 능력 테스트

1 구덩이를 깔때기 모양으로 팔 수 있나요?

2 집에 온 손님을 절대로 돌려보내지 않나요?

3 개미만 보면 왠지 모르게 기분이 좋고 심장이 뛰나요?

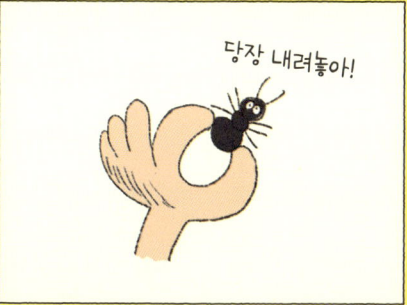

4 비탈진 흙길을 미끄러지지 않고 걸을 수 있나요?

추가 진실 명주잠자리의 날개는 길고 투명해. 그리고 다른 잠자리들과 달리, 가볍게 떠다니듯 천천히 하늘을 날아. 얇고 부드러운 날개는 강한 햇빛을 오래 받으면 수분이 날아가서 손상될 수 있어. 그래서 명주잠자리는 주로 해가 질 무렵이나 밤에 활동하지.

'빈대'의 진실

✦ 딱 붙어서 조용히 피를 빨아

빈대는 진한 갈색의 납작한 몸을 가졌어. 낮에는 침대나 벽 틈 같은 곳에 숨어 있어서 눈에 잘 안 띄어. 그러다 밤이 되면, 사람의 체온과 숨 쉴 때 나오는 이산화탄소를 느끼고 몰래 다가와 피를 빨아. 빈대의 크기는 5~7밀리미터 정도로, 사과씨만 해. 그런데 피를 실컷 빨고 나면 몸이 둥글하게 부풀어 9~10밀리미터까지 커져. 바늘처럼 뾰족한 주둥이로 피부를 푹 찌르고 3분에서 길게는 10분 정도 피를 빨아. 배가 부르면 다시 어두운 틈으로 숨어들지. 빈대의 침에는 마치 마취 성분과 피가 굳는 걸 막는 성분이 섞여 있어서 물렸을 때는 통증을 거의 못 느껴. 그러다 다음 날, 물린 자리가 빨갛게 부어오르고 가려워지면서 빈대에 물렸다는 걸 알게 되지.

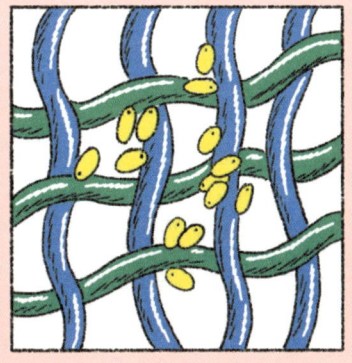

빈대는 보통 1년 정도 사는데, 그동안 암컷은 200~500개의 알을 낳아. 알을 낳으려면 영양분이 필요하기 때문에 먼저 피를 빨아야 해. 피를 빨고 나면 며칠 동안 하루에 몇 개씩 알을 낳지.

빈대의 알은 1밀리미터 정도로 아주 작고, 흰색이라 눈에 잘 띄지 않아. 알 껍질은 겉이 끈적거려서, 벽지 뒤나 가구 틈에 알을 낳으면 딱 붙어서 떨어지지 않아.

◆ 웬만해선 죽지 않아

빈대는 한 번 생기면 빠르게 늘어나. 알에서 어른벌레로 자라는 데 5주밖에 안 걸리고, 집에 빈대 한두 마리만 있어도 6개월이면 수백, 수천 마리가 될 수 있어. 게다가 빈대는 잘 죽지도 않아. 빈대는 오랫동안 피를 빨지 못할 때는 거의 움직이지 않고, 호흡과 심장 박동이 느려지고, 잠자는 것처럼 지내. 이렇게 '휴면 상태'에 들어가면 몇 달 동안, 길게는 1년도 죽지 않고 버티지. 그러다 사람이 가까이 다가오면, 숨 쉴 때 나오는 이산화탄소와 체온, 땀 냄새 같은 걸 감지하고는 금세 깨어나 활동을 시작해.

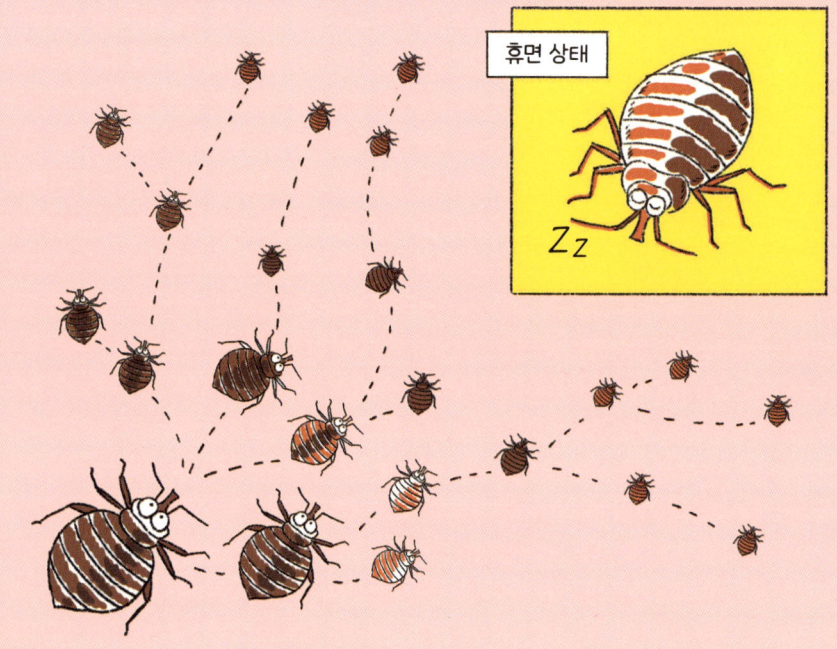

휴면 상태

겨울에 기온이 0도 아래로 내려가면 빈대는 얼어 죽기도 해. 하지만 집 안의 온도는 보통 10도 이상으로 유지되기 때문에 사람이 몇 달 동안 집을 비워도 빈대가 살아 있는 경우가 많아.

빈대는 열에 약해서 40도 이상의 온도에서는 몇 시간 안에 죽기도 해. 살충제가 없던 옛날에는 잘 죽지 않는 빈대를 불로 태워 없애려고 했대. 그래서 '빈대 잡으려고 초가삼간 태운다'는 속담이 생겼는지 몰라.

✧ 박쥐 동굴에서 집으로 이동

빈대는 공룡이 살던 중생대, 즉 1억 년도 더 전에 생겨난 곤충이야. 오늘날 빈대와 가까운 종류는 약 5천만 년 전부터 박쥐의 피를 빨며 동굴 속에서 살아왔지. 지금도 야생에 사는 빈대는 박쥐 동굴 속에 숨어 지내다가 박쥐가 떠나면 '휴면 상태'에 들어가. 그러다 박쥐가 다시 돌아오면, 이산화탄소와 체온을 감지하고는 활동을 시작하지. 그런데 사람도 아주 오래전에는 동굴에서 살았잖아? 그때부터 사람의 피를 빠는 빈대가 생겨났어. 이렇게 숙주(기생 생물에게 영양을 공급하는 생물)가 바뀌면서 빈대는 사람의 집에서도 살게 됐지. 하지만 박쥐만 따라다니며 피를 빠는 빈대는 사람의 집에 오지 않는대.

야생에 사는 빈대는 박쥐나 쥐, 새 같은 동물의 피를 빨아 먹고 살아. 하지만 사람의 집에 사는 빈대는 거의 사람 피만 먹지. 사람과 함께 사는 빈대는 보통 침대 틈에 숨어 있다가 밤이 되면 몰래 나와 사람의 피를 빨아 먹어. 그래서 '침대 벌레(Bed bug)'라고 불리지.

빈대와 벼룩은 날개가 없고 피를 먹는다는 점에서 얼핏 비슷해 보일지 몰라. 하지만 둘은 전혀 달라. 벼룩은 뛰어난 점프 실력을 자랑하며 동물의 털 속에 파고들어 피를 먹어. 반면 빈대는 기어다니며 사람의 피를 먹지. 또 빈대는 지금까지 사람에게 질병을 옮긴 적이 없지만, 벼룩은 옛날에 흑사병 같은 무서운 전염병을 퍼뜨린 적이 있어.

◆ 전 세계 어디든 잘 퍼져

빈대는 사람이 많이 오가는 곳이라면 어디든 쉽게 퍼질 수 있어. 스스로 날거나 뛰지는 못하지만 사람의 옷이나 가방, 짐 속에 숨어 멀리 떨어진 다른 나라까지 따라가기도 해. 그래서 해외여행 중에 묵은 호텔에서 여행자의 짐에 숨은 빈대가 집까지 따라오는 일도 많아.

빈대는 따뜻하고 습한 환경을 좋아해서 더운 지역에서 더 자주 볼 수 있어. 요즘 우리나라에서는 빈대를 볼 일이 드물지만, 해외에서 들어오는 경우가 가끔 있어. 한때 빈대가 사라졌던 북유럽이나 캐나다 같은 나라에서도 빈대가 다시 늘고 있어. 여행을 다니는 사람이 많고, 중고 가구를 사고파는 일이 잦아지면서 빈대가 옮겨 가는 경우가 많아졌대.

2024년, 인천 국제공항에 우리나라 최초의 빈대 탐지견 '세코'가 투입됐어. 세코는 여행객의 가방에 숨어든 빈대를 찾아내는 임무를 맡았지. 빈대 탐지견은 빈대에서 나는 특유의 냄새뿐 아니라 배설물이나 알의 냄새까지 맡을 수 있게 특별한 훈련을 받아.

빈대 능력 테스트

1. 숨바꼭질할 때, 술래가 절대 찾을 수 없도록 숨을 수 있나요?

2. 배불리 먹으면 몸이 2배까지 부풀고, 피부색도 짙어지나요?

배는 확실히 나오네.

3. 친구의 과자를 감쪽같이 뺏어 먹을 수 있나요?

4. 너무 추워서 냉동실 문을 열지 않나요?

아이스크림 먹고 싶은데.

추가진실 빈대는 끈적한 검은색 배설물을 남겨. 피처럼 보이기도 하고, 벽지나 천에 번지면 곰팡이 자국처럼 보일 때도 있어. 이런 얼룩이 보이면 그 주변에 숨어 있는 빈대를 찾을 가능성이 높아. 이럴 땐 스팀 청소기나 드라이기로 열을 주거나, 빈대 퇴치 전문가의 도움을 받는 게…… 앗! 이 말은 못 들은 걸로 해 줘.

캥거루족

"학교 다녀왔습니다. 엄마, 배고파요."

"밥이요…."

"저, 휴가 나왔어요. 엄마, 밥 주세요."

"회사 다녀왔습니다. 엄마, 밥 주세요."

"아이고, 저 캥거루족!"

"내가 저렇게 오래 엄마 품을 안 떠난다고?"

성인이 되어도 자립하지 않고 부모에게 의지해 살아가는 사람을 '캥거루족'이라고 불러. 어미 캥거루의 주머니 속에서 지내는 새끼의 모습에서 나온 말이지. 하지만 알고 보면 새끼 캥거루가 어미의 주머니 안팎에서 지내는 건 1년 정도인데?

'캥거루'의 진실

✧ 생후 1년이면 독립

캥거루는 '새끼주머니(육아낭)'를 가진 포유류야. 임신한 지 약 한 달이 지나면, 콩알만 한 아주 작은 새끼를 낳아. 갓 태어난 새끼는 눈도 뜨지 못하고, 뒷다리는 거의 자라지 않았어. 하지만 앞다리는 잘 발달해 있어서 어미 배에 있는 주머니 안으로 스스로 기어 들어가지. 주머니 속에서 새끼는 젖꼭지를 단단히 물고 젖을 먹으며 점점 자라나. 100일쯤 지나면 눈도 뜨고 몸에 털도 나기 시작해. 태어난 지 6개월이 되면 주머니 밖으로 나갔다 들어오면서 주변을 탐색하지. 그러다 1년쯤 되면 4~5킬로그램 정도로 무거워지면서 주머니에 들어가기 어려워지고, 어미도 더는 들어오지 못하게 해. 그렇게 새끼는 자연스럽게 독립하게 되지.

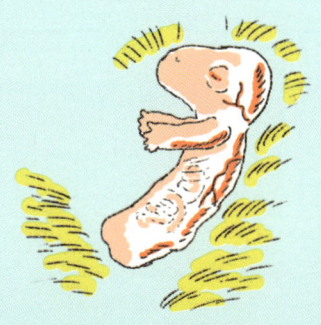

태반은 새끼에게 영양분을 보내 주고, 노폐물을 내보내는 기관이야. 그런데 캥거루는 태반이 덜 발달해서 몸속에서 새끼를 잘 키울 수 없어. 그래서 임신한 지 약 한 달 만에 아주 작은 새끼를 낳아.

갓 태어난 캥거루는 길이가 약 2센티미터로 콩알만큼 작고, 무게가 1그램도 안 될 만큼 가벼워. 털이 없고 피부가 너무 얇아서 몸속 장기가 비칠 정도야.

✦ 슬기로운 주머니 생활

태어난 지 얼마 안 된 새끼 캥거루는 스스로 체온을 조절하지 못해. 그래서 어미의 주머니가 따뜻하고 안전한 공간이 되어 주지. 그 안에서 젖도 마음껏 먹을 수 있어. 이렇게 1년 가까이 새끼를 주머니에 넣고 기르는 건 어미에게도 여러모로 도움이 돼. 임신한 채로 새끼를 뱃속에 품고 다니면 몸이 무거워서 천적을 피하거나 먹이를 구하기가 어렵거든. 그런데 캥거루는 새끼를 일찍 낳고 주머니에서 기르기 때문에 몸을 가볍게 움직일 수 있고 힘도 덜 들지. 게다가 주머니 속에서 새끼를 돌보는 동안에 다시 임신할 수 있어서 더 많은 자손을 남기는 데에도 유리해.

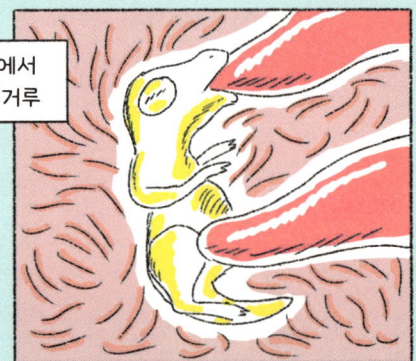

어미의 주머니 안에서 젖을 먹는 새끼 캥거루

어미 캥거루가 힘껏 뛰어도 주머니 속 새끼는 밖으로 튕겨 나가지 않아. 주머니 둘레가 튼튼한 근육으로 감싸여 있고, 입구에는 '조임근'이 있어서 새끼가 빠지지 않도록 단단히 조여 줘.

✦ 강력한 뒷다리

캥거루는 뒷다리 근육이 아주 발달해 있고, 발톱도 날카로워. 꼬리로 땅을 짚어 균형을 잡은 뒤, 두 뒷다리로 함께 차거나 한쪽 다리로 상대를 찰 수 있어. 야생 개나 여우 같은 천적을 쫓을 때 이런 발 차기 공격을 쓰지. 어떤 캥거루는 상대의 뼈를 부러뜨릴 만큼 강한 힘을 쓰기도 해. 가까이에서 공격할 때는 짧은 앞발로 권투 하듯 상대를 때려. 어미 캥거루는 새끼를 주머니에 넣은 채로도 이렇게 싸울 수 있어.

하지만 천적의 위협이 더 커지면 캥거루는 빠르게 도망가. 근육과 힘줄이 발달한 뒷다리에 에너지를 저장해 두었다가 고무공 튀듯 점프하며 달아나지. 보통은 한 번에 3미터쯤 뛰고, 붉은캥거루처럼 큰 종은 9미터 가까이 뛸 수 있어. 시속 70킬로미터까지 달릴 수 있어서 재빨리 도망치는 데 아주 유리해.

무조건 직진!

캥거루는 두 뒷다리를 함께 튕겨서 앞으로 뛰는 건 잘하지만, 한쪽 다리만 따로 움직이기는 어려워. 그래서 옆으로 걷거나 뒤로 물러나는 일은 거의 불가능해. 꼬리는 균형을 잡아 주는 튼튼한 지지대 역할을 하지만 뒤로 움직일 때는 오히려 방해가 돼. 그래서 캥거루는 앞으로만 점프하거나 느리게 걸어. 걸을 때는 네발과 꼬리를 써서 기듯이 가지.

✦ 호주를 대표하는 동물

호주에는 약 50종의 캥거루가 있어. 야생에서만 4,000만 마리 이상이 살고 있는데, 호주 인구수보다 많아. 캥거루는 주로 사막이나 초원, 관목 지대처럼 탁 트인 곳에 살아. 나무나 풀이 많지는 않지만, 점프하며 먹이를 찾기에는 좋은 환경이지. 그중에서도 사막 주변의 건조 지대에 사는 '붉은캥거루'가 몸집이 가장 크고, 호주를 대표하는 동물이야. '회색캥거루'는 붉은캥거루보다 몸집이 약간 작고, 탁 트인 열린 공간을 좋아해. 하지만 숨을 곳도 필요해서 반건조 지대와 숲이 만나는 가장자리에서 잘 적응해 살아. 또 '나무캥거루'처럼 작은 종은 나무 위에서 살기도 해.

대부분의 캥거루는 보통 수컷이 암컷보다 크고, 근육도 잘 발달해 있어. 수컷 붉은캥거루가 55~90킬로그램까지 나가는 반면, 암컷은 26~40킬로그램 정도로 그 절반밖에 안 돼. 그런데 나무캥거루는 수컷과 암컷의 몸집이 거의 비슷해.

캥거루 능력 테스트

1 엄마에게 종일 딱 붙어 생활하나요?

무거워! 그만 내려올래?

2 트램펄린을 뛰면서 주머니 속 동전을 지킬 수 있나요?

내 돈!

3 두꺼운 송판을 발차기로 격파할 수 있나요?

얍! 나 태권도 유단자라고!

4 반드시 점프로만 이동하나요?

학원 늦겠어! 제대로 뛰어!

추가 진실 호주에는 '딩고'라는 야생 개가 있어. 딩고는 무리 지어 다니며 어린 캥거루를 쉽게 사냥하지. 하지만 다 자란 캥거루는 포식자가 다가오면, 강이나 호수 같은 물가로 유인해서 물속에서 뒷다리로 차거나 앞발로 눌러 쫓아낸대.

호랑이
◆····· 이빨 빠진 호랑이 ·····◆

어? 할아버지다!

할아버지, 오늘 회사 안 가셨어요?

퇴직하셨단다. 이제 집에 계실 거야.

흠흠!

이빨 빠진 호랑이가 따로 없구먼.

거참, 할 말 없게 만드네.

한때 힘이나 영향력이 강했던 사람이 약해졌을 때 '이빨 빠진 호랑이'라고 해. 호랑이에게 이빨은 대체 어떤 의미일까?

'호랑이 이빨'의 진실

◆ 목숨을 지키는 도구

고양잇과 동물 중에서 몸집이 가장 크고 무거운 동물이 호랑이야. 보통 무게가 200킬로그램이 넘고, 350킬로그램 이상 되는 호랑이가 있었다는 기록도 있어. 호랑이는 사자처럼 무리를 이루지 않고, 혼자 살며 사냥도 혼자 해. 혼자서도 사냥할 수 있을 만큼 민첩하고 힘이 세지.

시베리아호랑이는 호랑이 가운데 몸집이 가장 커. 예전에는 우리나라 산에도 살았지만, 지금은 사라졌어. 현재는 러시아의 시베리아 동쪽 숲에 살고 있지.

호랑이는 예민한 청각과 후각으로 먹잇감을 찾고, 날카로운 발톱과 이빨로 먹잇감을 제압해. 특히 이빨은 먹이를 물고, 찢고, 베는 데 꼭 필요해. 호랑이의 이빨은 모두 30개로 앞니, 송곳니, 작은어금니, 어금니가 각각 다른 역할을 해. 이빨이 약해지거나 빠지면, 먹이 사냥은 물론이고 씹기가 어려워서 며칠을 버티기도 힘들어. 그만큼 이빨은 호랑이에게 꼭 필요한 생존 도구지.

어흥! 날카롭지?

✦ 길고 날카로운 송곳니

호랑이는 사냥할 때 조용히 다가가 갑자기 먹이를 덮쳐. 앞발로 단단히 붙잡고, 강력한 턱과 날카로운 송곳니로 먹이의 목을 물어 움직이지 못하게 하지. 약 7~10센티미터의 송곳니는 단단하고 뾰족해서 두꺼운 살도 뚫을 수 있어. 이 송곳니에 목을 물리면 먹이는 숨을 쉬지 못하거나 큰 상처를 입어 도망치지 못하지. 호랑이의 송곳니는 살과 힘줄은 물론 얇은 뼈까지도 꿰뚫을 수 있을 만큼 아주 강해.

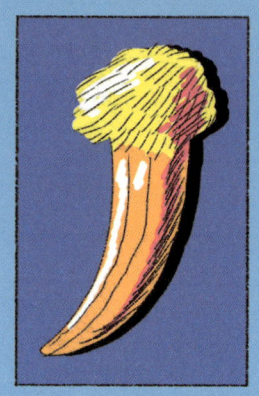

호랑이는 대낮에도 사냥을 하지만, 해 질 무렵이나 밤에 더 자주 사냥해. 사람보다 5~6배 뛰어난 밤눈 덕분에 어두운 곳에서도 작은 움직임까지 잘 포착하지. 또 두 눈이 쌍안경처럼 얼굴 앞쪽에 나란히 있어서, 멀고 가까운 정도를 입체적으로 정확히 가늠할 수 있어.

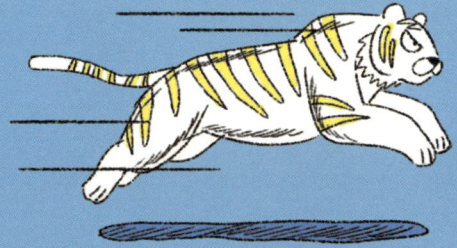

고양잇과 동물 중에 가장 빠른 건 치타지만, 호랑이도 아주 빠르게 달릴 수 있어. 단거리를 시속 50~60킬로미터로 달리지.

◆ 앞니와 어금니

호랑이는 날카로운 송곳니 사이에 위아래로 앞니가 여섯 개씩 있어. 앞니는 크지는 않지만 고기를 잘게 떼어 내거나 뜯어 먹는 데 쓰여. 단단하고 거친 혀로는 피부를 긁어 떼어 내. 작은어금니와 어금니는 가위처럼 날카로워서 고기를 찢고 자르는 데 알맞지.

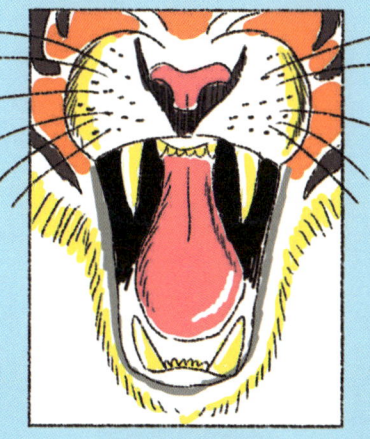

호랑이는 한번에 20~30킬로그램의 고기를 먹을 수 있어. 이렇게 배불리 먹고 나면 며칠 동안은 먹지 않아도 괜찮아. 사냥이 어려운 때는 2주 가까이 굶기도 해.

호랑이의 어금니는 고기를 쉽게 자를 수 있도록 발달했어. 이빨이 날카롭고 튼튼해서 작은 뼈쯤은 씹어 부술 수 있을 만큼 강하지. 초식 동물은 넓고 평평한 어금니로 식물을 갈아 먹기 때문에 호랑이와는 이빨 모양에 큰 차이가 있어.

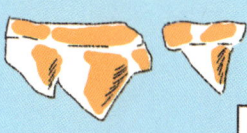

호랑이의 어금니

 VS

초식 동물의 어금니

호랑이는 청각이 아주 예민해. 사람은 듣지 못하는 고음까지 들을 수 있어. 또 귀가 자유롭게 움직여서 소리가 나는 방향도 정확하게 알아차리지.

◆ 사냥할 때 이빨 조심

호랑이는 생후 6~12개월쯤 되는 새끼 시기에 유치가 빠지고, 영구치가 나기 시작해. 어른이 된 뒤에는 나이가 들거나, 다치거나, 병이 생기면 이빨이 빠지지. 그런데 영구치는 한번 빠지면 다시 나지 않아서 사냥과 먹이 섭취가 어려워지니까 조심해야겠지?

호랑이는 야생에서는 보통 10~15년, 동물원이나 보호 시설에서는 20년 이상 살기도 해. 나이가 들수록 이빨이 닳고 약해져 빠지기도 쉬운데, 특히 앞니나 어금니가 먼저 흔들리거나 빠질 수 있지. 송곳니는 비교적 튼튼하지만, 잇몸이나 이뿌리가 약해지면 결국 빠지게 되지.

호랑이는 때때로 멧돼지나 사슴처럼 덩치 큰 동물과 싸우기도 해. 이렇게 몸싸움을 하다가 이빨이 부러지거나 뽑히는 일도 있어. 특히 먹잇감이 거세게 저항할 땐, 송곳니나 앞니가 다치기 쉬워.

호랑이 능력 테스트

1 질긴 고기를 가위 없이 이로 쉽게 자를 수 있나요?

2 갈비를 먹을 때 송곳니로 뼈를 씹을 수 있나요?

3 고기 20킬로그램(약 130인분)을 한번에 먹을 수 있나요?

4 적의 공격을 받는다면 이를 써서 맞설 건가요?

추가 진실 호랑이의 발톱은 7~10센티미터 정도로 아주 길고 날카로워. 이 발톱 하나만으로도 사냥감에 깊은 상처를 낼 수 있지. 평소에는 발톱집 안에 숨겨져 있어서 무뎌지지 않고, 필요할 때만 튀어나오지. 가끔은 나무나 바위를 긁어 발톱을 가는데, 이런 행동은 자신의 영역을 표시하거나 힘을 과시하려는 뜻도 있어.

기러기 아빠

자녀 교육을 위해 가족과 떨어져 혼자 살며 뒷바라지하는 사람을 '기러기 아빠'라고 해. 그런데 수컷 기러기는 정말 외따로 살까?

'기러기 아빠'의 진실

◇ 가족이 함께 다녀

기러기는 철새로, 보통 10월 중순쯤 우리나라에 도착해 겨울을 나. 약 5~6개월 동안 머물다가 이듬해 3월 중순쯤 번식지로 떠나지. 기러기의 번식지는 시베리아 북쪽의 북극권으로, 그곳에 도착하면 짝을 짓고 번식 준비를 해. 암컷은 얕은 구덩이에 둥지를 만들고 그 안에 알을 낳아 품어. 수컷은 약 4주 동안 둥지 근처를 지키며 알과 암컷을 보호해. 같은 오릿과이지만 수컷 오리는 보통 짝짓기 뒤 둥지를 떠나는 반면, 수컷 기러기는 번식 기간 내내 함께 지내며 가족을 돌봐.

기러기는 보통 한번 짝을 맺으면 오래도록 함께 지내는 '일부일처' 생활을 해. 이렇게 서로에게 충실한 모습은 자연에서는 보기 드문 일이지. 만약 짝이 먼저 죽으면 새 짝을 찾기도 하지만, 홀로 지내는 기러기도 있어.

> 기러기는 나뭇가지, 풀, 갈대, 이끼 같은 자연 재료를 이용해 땅 위에 둥지를 만들어. 암컷은 자기 가슴에서 부드러운 털을 뽑아 둥지 안에 깔고, 그 위에 알을 낳아 따뜻하게 보호해.

> 기러기는 땅 위에 둥지를 틀기 때문에 알이나 새끼가 포식자에게 쉽게 노출돼. 그래서 보통 한번에 4~6개의 알을 낳아. 그중 몇 마리라도 살아남을 수 있게 하려는 거야.

◆ V 자 대형으로 긴 거리 이동

기러기는 보통 낮에 1,000~3,000미터 높이에서 날아. 여러 가족이 모여 'V(브이)' 자 대형으로 무리를 지어 이동하지. 이렇게 날면 힘도 덜 들고, 포식자를 피하는 데도 유리해. 앞뒤 기러기들이 서로 잘 보이고, 울음소리로 신호를 주고받기도 쉬워서 무리 전체가 속도나 방향을 맞추기에 좋지. 맨 앞의 기러기가 공기를 뒤로 밀어 내면서 상승 기류를 만들면, 뒤따르는 기러기들은 이 기류를 이용해 20~30퍼센트 정도 힘을 절약할 수 있어. 그런데 맨 앞의 기러기는 공기 저항을 많이 받아 빨리 지치기 때문에, 힘이 센 기러기들이 번갈아 앞에 서며 서로를 돕지. 이런 협력 덕분에 기러기는 아주 먼 거리도 효과적으로 이동할 수 있어.

대부분의 동물은 수컷이 암컷보다 몸집이 큰 경우가 많지만, 기러기는 암컷과 수컷의 몸집 차이가 거의 없어. 알을 돌보거나 무리를 지어 이동할 때도 암컷과 수컷이 함께하며, 역할 차이도 크지 않지. 그래서 V 자 대형으로 날아갈 때, 성별과 관계없이 경험이 많고 체력이 좋은 기러기가 선두에 서서 무리를 이끌어.

◆ 중간중간 쉬면서 가

'큰기러기'는 시베리아 북쪽에서 우리나라까지 3,000~4,000킬로미터에 이르는 먼 거리를 이동해. 시속 60~80킬로미터로 하루에 200~300킬로미터씩 날며 이동하지. 이렇게 긴 거리를 한 번에 갈 수는 없기 때문에, 중간중간 쉬어 갈 수 있는 곳이 꼭 필요해. 그래서 기러기는 산이 많은 지역은 피하고 물과 먹이를 쉽게 구할 수 있는 강이나 습지, 평야를 따라 날다가 휴식을 취하지. 날아가는 데는 많은 힘이 들기 때문에, 1~3일 정도 날고 나면 하루에서 며칠 동안은 중간 쉼터에서 머물며 피로를 풀고 기운을 회복해.

폭풍이 몰아치거나 바람이 너무 강하게 불면, 기러기는 이동을 멈춰. 몇 시간에서 며칠, 길게는 몇 주 동안 안전한 장소에 머물며 날씨가 좋아지길 기다리지.

쉼터에 머무르는 동안 가족 무리와 떨어지는 일이 생기기도 해. 하지만 부모와 새끼는 서로의 울음소리를 알아들을 수 있어서 큰 소리로 울며 서로를 찾아. 기러기는 가족애가 아주 끈끈한 새라서 어떻게든 다시 만나려고 노력하지.
그런데 처음으로 먼 거리를 이동하는 어린 새끼는 부모와 떨어져 길을 잃거나 다른 무리에 섞여 엉뚱한 방향으로 가기도 해. 이런 경우에는 결국, 다른 무리에 섞여 살아가게 되지.

✦ 잘 걷고, 잘 먹어

기러기는 다리가 몸의 중앙에 있어서 땅 위를 자연스럽게 잘 걸어. 반면에 오리는 다리가 몸 뒤쪽에 있어서 수영할 때는 좋지만, 땅에서는 뒤뚱뒤뚱 걷지. 기러기는 물에서 헤엄치며 생활하는 물새이긴 해도 습지와 풀밭처럼 탁 트인 곳을 좋아하고, 오리는 주로 호수나 연못, 강 같은 물가에서 지내.

> 우리나라에서 기러기를 많이 볼 수 있는 대표적인 곳은 강원도 철원의 '철원 평야', 경기도 파주와 연천의 '임진강 하구', 충청남도 서산의 '천수만 일대'야.

기러기의 부리는 납작하고 넓어서 물풀을 뜯어 먹기에 알맞아. 또 목이 길기 때문에 물속 깊은 곳까지 고개를 넣어 먹이를 쉽게 찾을 수 있지. 기러기는 주로 풀을 먹지만, 작은 물고기나 곤충이 풀과 함께 입에 들어오면 골라내지 않고 먹는 잡식성이야.

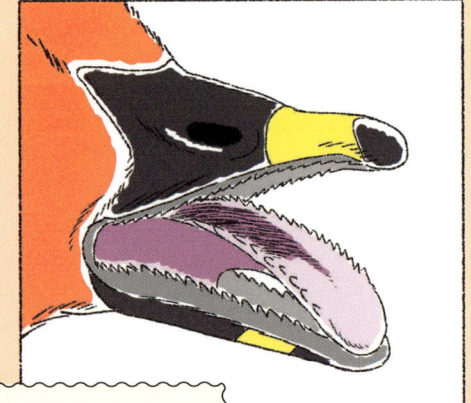

> 기러기 부리의 가장자리에는 작은 톱니처럼 생긴 돌기가 있어. 이 돌기 덕분에 미끄러운 풀을 꽉 잡아서 쉽게 뜯어 먹을 수 있지.

기러기 능력 테스트

1 평생 한 명만 좋아할 수 있나요?

"난 죽을 때까지 너만 좋아할 거야!"

2 엄마, 아빠를 목소리로 찾을 수 있나요?

"어디 계세요?"

3 혹시 가족과 헤어진다면 새로운 가족에 끼어 살 수 있나요?

"저를 자식으로 받아 주세요." "너 누구니?"

4 협력해서 문제를 해결하는 것을 좋아하나요?

"내 숙제를 우리 모두 같이했으면 좋겠는데?"

추가진실 1995년 일본에서는 환경 운동가들이 큰기러기를 대신해 이바라키현의 습지를 보호하기 위한 소송을 냈어. 이들은 습지를 보호 구역으로 지정해 달라고 법원에 요청했지. 그때 상징적 의미로 큰기러기의 발바닥에 먹을 묻혀 도장을 찍고, 그것을 법원에 냈어. 이 소송을 계기로 일부 습지가 보호 구역이 되었고, 지금은 생물권 보호 사례로 활용되고 있어.

'일개미'의 진실

✧ 일이란 일은 다 해

여왕개미와 일개미는 모두 암컷이지만, 알을 낳을 수 있는 건 여왕개미뿐이야. 일개미는 알을 만드는 기관이 없어서 알을 낳지 못해. 그래서 오직 일만 해. 개미 사회에서 일이란 일은 거의 다 일개미의 몫이야. 그렇다고 처음부터 끝까지 같은 일만 하지는 않아. 자라면서 하는 일이 달라지지. 어릴 때는 여왕개미와 알, 애벌레(유충), 번데기를 돌보는 일을 하고, 좀 더 자라면 개미굴 안을 청소해. 완전히 자라면 먹이를 찾으러 나가거나 침입자를 막는 일을 해. 위험한 일이 닥치면 자신을 희생해서라도 여왕개미와 애벌레, 동료를 지켜내지. 밤낮없이 일하지만 잠깐씩 일을 멈추고 쉬기도 해. 몇 초에서 몇 분 정도 '비활성 상태'로 쉬면서 힘을 회복하면 다시 일할 수 있지.

여왕개미는 수개미와 단 한 번만 짝짓기를 해. 이때 받은 정자는 몸속의 '저정낭'이라는 주머니에 저장해 두고, 평생 이 정자로 알을 낳아. 보통 10~20년, 어떤 종은 30년 가까이 살면서 알을 계속 낳을 수 있어. 여왕개미는 일개미보다 50배 넘게 오래 살아. 일개미는 일하느라 힘을 많이 써서 몇 달밖에 못 살지.

수개미가 하는 일은 오직 하나야. '짝짓기 비행'을 하는 여왕개미와 짝짓기하기! 그런데 짝짓기를 마치면, 수개미는 곧 죽어.

✦ 일찍부터 일을 시작해

일개미는 어른벌레가 되자마자 일을 시작해. 가장 먼저 맡는 일은 알, 애벌레, 번데기를 돌보는 거야. 알을 핥아 곰팡이가 생기지 않게 하고, 애벌레에게 먹이를 먹이고, 움직일 수 없는 번데기는 안전한 곳으로 옮겨 두지. 여왕개미가 알을 많이 낳을수록 이 일을 맡는 일개미의 수도 많아져. 아직 몸이 부드럽고 약한 어린 일개미에게 밖은 위험하기 때문에 가장 안전한 개미굴 안에서 양육을 맡는 거야. 시간이 지나 몸이 더 단단해지면, 자연스럽게 일도 바뀌어. 알과 애벌레를 돌본 지 2주쯤 지나면, 흙을 파거나 개미굴을 고치는 정비와 청소 일을 하게 돼.

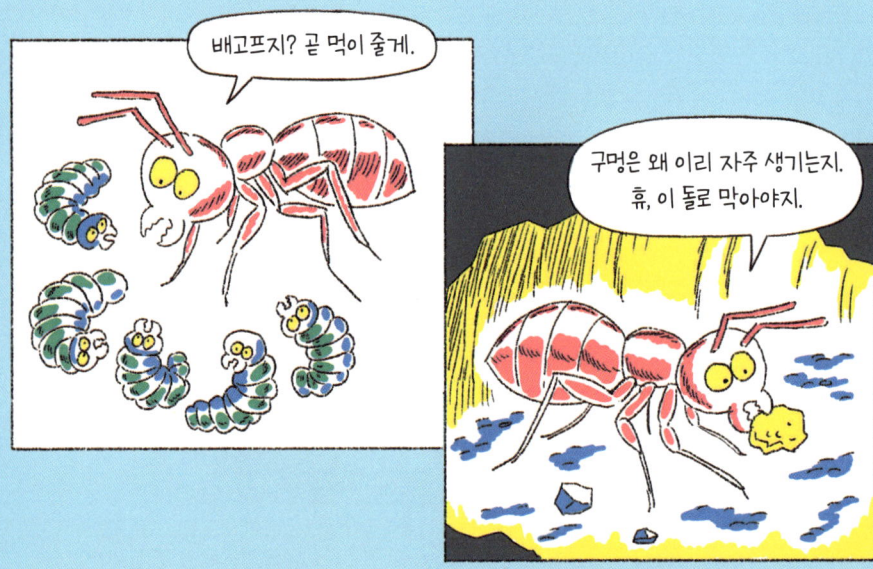

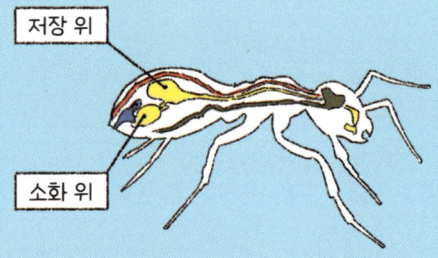

개미는 위가 두 개야. 먼저, '저장 위'는 먹이를 잠깐 저장해 두는 주머니야. 이곳에 저장한 먹이는 나중에 입으로 다시 꺼내서 애벌레에게 먹이로 주거나 다른 개미와 나눠 먹어. 또 하나는 '소화 위'인데 이곳에서는 먹이를 소화시키고 영양분도 일부 흡수하지.

개미는 '페로몬'이라는 냄새로 서로 대화를 해. 예를 들어, 먹이를 찾았을 땐 그 자리까지 이어지는 냄새 길을 남기고, 도움이 필요할 땐 "도와줘!" 하는 냄새를 내보내. 애벌레도 배가 고프거나 번데기가 되려고 할 때 페로몬으로 일개미에게 알려. 그럼 양육을 맡은 일개미가 그 냄새를 맡고 얼른 다가와 도와주지.

✦ 갈수록 힘든 일 담당

다 자란 일개미는 몸이 단단하고, 턱과 다리도 튼튼해. 그래서 멀리까지 나가 먹이를 구하거나 개미굴로 먹이 나르는 일을 맡아.

또한 개미굴 입구를 지키며 적의 침입도 막아. 다른 개미나 천적이 공격해 오면, 강한 턱으로 싸워 무리를 지키지. 어떤 개미 무리에는 방어만 도맡아 하는 '병정개미'가 따로 있어. 하지만 병정개미가 없는 무리에서는 바깥일 경험이 많은 일개미가 개미굴 입구를 지키는 역할을 맡지.

> 개미는 몸집은 작지만 근육이 발달해 있어. 그래서 자기 몸무게의 10배, 많게는 50배까지 무거운 것도 들 수 있지. 사람으로 따지면, 몸무게가 30킬로그램인 어린이가 300킬로그램을 드는 셈이지.

> 일개미는 먹이를 발견하면, 굴로 돌아오는 길에 '흔적 페로몬'을 남겨. 그러면 다른 개미들이 그 냄새를 따라가 먹이를 찾을 수 있지. 먹이가 많거나 좋은 먹이일수록 페로몬을 더 진하게 남겨서 더 많은 개미가 모이게 돼.

> 개미의 더듬이는 만지고, 맛보고, 냄새를 맡는 감각 기관이야. 그래서 개미가 길을 찾거나 위험한 적을 피할 때 꼭 필요하지.

더듬이

◆ 대반전! 쉬기도 하는 일개미

일개미라고 해서 모두 쉴 틈 없이 일만 하는 건 아니야. 전체 일개미 중 20~40퍼센트만 활발히 일하고, 나머지는 쉬엄쉬엄 일하거나 힘을 모아 두고 있지. 아무 일도 하지 않는 것처럼 보이는 일개미도 있지만, 사실은 다음 일을 기다리고 있는 거야. 내내 놀기만 하는 일개미는 거의 없어. 개미들은 역할을 나눠 번갈아 일하기 때문에, 개미 사회는 모두가 동시에 일하지 않아도 잘 돌아가. 하지만 개미굴이 무너지거나 적이 침입하는 긴급한 상황이 생기면, 모든 일개미가 힘을 모아 함께 나서지.

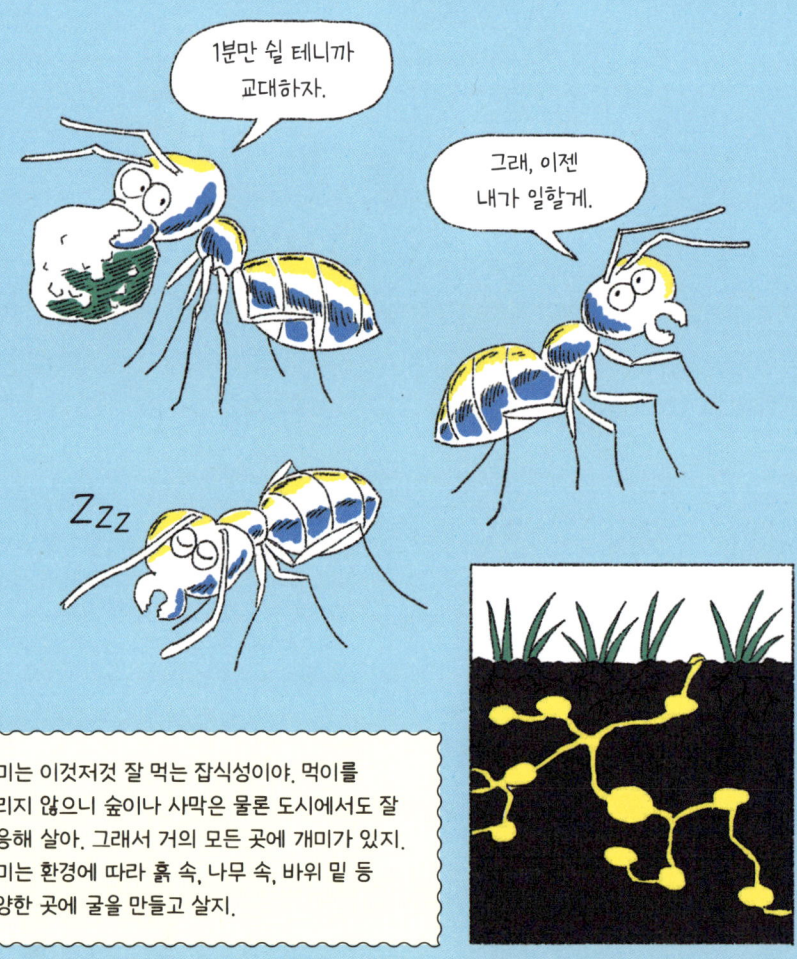

개미는 이것저것 잘 먹는 잡식성이야. 먹이를 가리지 않으니 숲이나 사막은 물론 도시에서도 잘 적응해 살아. 그래서 거의 모든 곳에 개미가 있지. 개미는 환경에 따라 흙 속, 나무 속, 바위 밑 등 다양한 곳에 굴을 만들고 살지.

땅속을 드나드는 개미는 흙을 파고 다니면서 흙이 딱딱하게 뭉치지 않게 해. 덕분에 흙 속으로 공기도 잘 통하고, 빗물도 잘 스며들지. 또 썩은 나뭇잎이나 동물 사체의 분해가 잘 일어나도록 도움을 주지. 그래서 개미가 있는 곳은 식물이 자라기에 좋은 환경이 돼.

일개미 능력 테스트

1 동생을 먹이고, 입히고, 재우며 잘 돌봐 줄 수 있나요?

형, 갑자기 왜 이러는데.

2 쌀 한 가마니를 가뿐하게 등에 질 수 있나요?

3 일하다가 지치면, 내 일을 이어받아 해 줄 동료가 있나요?

친구야, 부탁한다.

4 오래 공부하다 잠깐씩 쉬기를 매일 반복할 수 있나요?

아, 앉은 지 10분 만에 너무 졸려.

추가 진실 '개미허리'라는 말이 있지? 개미의 가슴과 배를 이어 주는 허리는 아주 가늘고 잘록한 모양이야. 이 부분은 몸속 장기를 연결해 주는 통로 역할을 하지. 이렇게 잘록한 허리 덕분에 개미는 몸을 가볍고, 유연하게 움직일 수 있어. 개미가 좁은 틈을 빠르고 자유롭게 오갈 수 있는 비결이지.

베짱이 생활

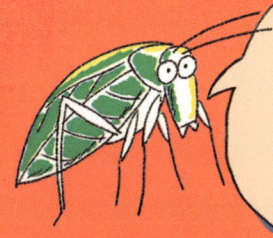
〈개미와 베짱이〉 이야기 알지? 여름 내내 땀 흘려 일하는 개미 옆에서 베짱이는 실컷 놀잖아. 그러다 겨울이 오고, 베짱이는 춥고 배고파서 고생하지. 그래서 앞날을 대비하지 않고 게으르게 노는 사람을 보고 '베짱이 생활'을 한다고 말해. 베짱이는 정말 생각 없이 놀기만 할까?

'베짱이 생활'의 진실

✧ 바쁘게 살아

베짱이는 한 해만 살고 죽는 곤충이야. 알에서 깨어나 어른벌레가 되는 한살이를 1년 안에 마치지. 봄이나 초여름에 알에서 깨어나 애벌레(약충)가 되고, 여러 번 껍질을 벗으면서 어른벌레가 돼. 그리고 8월 말에서 10월 사이에 짝짓기를 하고 알을 낳아. 베짱이는 번식을 마친 뒤 겨울이 오기 전에 죽기 때문에, 따로 겨울을 준비하지 않아. 겨울을 나는 건 바로 알이야. 이 알은 추운 겨울을 견디고, 이듬해 봄에 깨어나지.

베짱이는 주로 늦여름부터 초가을까지 먹이를 찾고 짝을 만나기 위해 아주 바쁘게 움직여. 하지만 새, 박쥐, 거미, 개구리, 도마뱀 같은 천적이 많아서, 낮에는 풀숲에 숨어 있다가 밤이 되면 활동해.

> 베짱이는 낮에는 주로 날개를 접고 풀숲에 가만히 있어. 자거나 노는 것처럼 보이지만, 사실은 주변을 경계하며 쉬는 중이야. 작은 진동에도 민감하게 반응하는 편이라, 누가 다가오면 순식간에 도망치지.

◆ 소리는 앞날개를 비벼서

베짱이는 입이 아니라 두 앞날개를 비벼서 소리를 내. 오른쪽 앞날개에는 톱니처럼 생긴 아주 작은 돌기들이 줄지어 있는데, 이것을 '파일(file)'이라고 해. 왼쪽 앞날개 안쪽 가장자리에는 두껍고 단단한 부분이 있고, 이건 '스크레이퍼(scraper)'라고 불러. 스크레이퍼가 파일 위를 지나가면 돌기가 떨리면서 소리가 나지. 또 앞날개 안쪽에는

수컷의 오른쪽 앞날개

'울림막'이라는 얇은 막이 있어서 소리를 더 크게 울리도록 만들어. 이렇게 날개를 비벼서 소리를 내는 건 수컷만 할 수 있어. 암컷은 앞날개 구조가 발달하지 않아서 수컷처럼 비벼서 소리를 내지 못해.

베짱이는 더운 여름밤에 가장 힘차게 울어. 기온이 높아지면 공기 중 분자가 빠르게 움직여서 소리가 멀리 잘 퍼지거든. 습도가 높을 때는 수증기가 도움이 되어 소리가 더 또렷하게 들리지. 하지만 기온이 30도가 넘거나 15도 아래로 떨어지면 베짱이의 울음소리는 줄어들거나 느려져. 5도 이하가 되면 베짱이는 아예 울지 않지.

베짱이의 앞날개는 몸통을 다 덮을 만큼 길고, 잎사귀처럼 생겼어. 연두색 혹은 연한 갈색이라 풀밭이나 나뭇가지 위에 있으면 눈에 잘 띄지 않아.

✧ 뒷날개로 짧게 날아

베짱이는 날개가 있지만 멀리 날지는 못해. 날개는 주로 점프할 때 균형을 잡거나, 잠깐 날아오를 때 보조적으로 쓰이지. 뒷날개는 얇고 투명한 막처럼 생겼어. 평소에는 딱딱한 앞날개 아래에 접혀 있어서 잘 보이지 않지만, 베짱이가 점프할 때 뒷날개를 활짝 펴면 넓고 둥근 부채 모양이 돼. 앞날개의 뒤쪽과 뒷날개의 앞쪽이 갈고리처럼 맞물려 있어서, 베짱이는 몇십 센티미터 정도의 짧은 거리라면 잠깐 날 수 있어. 하지만 계속해서 날지는 못하지. 착지할 때는 뒷날개를 펴서 균형을 잡고, 공기 저항을 이용해 속도를 줄이거나 방향을 바꾸기도 해.

베짱이가 날갯짓을 할 때 주로 움직이는 건 뒷날개야. 앞날개도 펴진 상태로 함께 움직이지만, 날갯짓에는 크게 쓰이지 않아. 앞날개는 주로 몸의 균형을 잡는 데 쓰여. 또 단단해서 몸을 보호하는 데도 도움이 돼.

✧ 앞다리로 소리 듣기

베짱이는 귀가 따로 없고, 앞다리로 소리를 들어. 양쪽 앞다리의 무릎마디에 얇은 막처럼 생긴 고막이 있어서, 이걸로 소리를 감지하지. 베짱이는 울음소리의 높낮이와 반복되는 패턴을 알아차릴 수 있어서, 같은 종인지 아닌지, 얼마나 멀리 떨어져 있는지도 알아낼 수 있어. 이 능력은 짝을 찾을 때도, 천적을 피할 때도 꼭 필요하지.

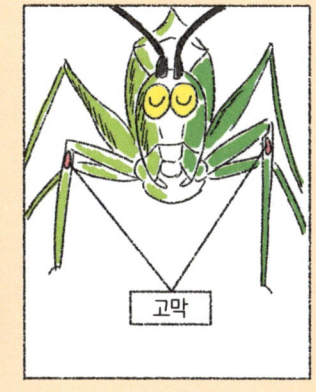

고막

✧ 만능 센서 더듬이

베짱이는 가늘고 긴 더듬이로 주변을 살피고, 다른 베짱이와 의사소통도 해. 이 더듬이는 마치 '만능 센서'처럼 아주 많은 감각을 맡고 있지. 덕분에 앞을 보지 않아도 풀숲이나 흙 속에서 먹이나 숨을 곳을 찾고, 밤에도 안전하게 다닐 수 있어. 조각나거나 썩은 잎, 작은 곤충의 냄새도 맡을 수 있고, 암컷은 더듬이로 수컷이 내는 냄새를 따라가기도 해. 천적의 냄새도 미리 알아차릴 수 있지.

베짱이의 더듬이는 공기 중의 작은 움직임이나 떨림도 잘 감지해서 소리가 나는 방향을 알아낼 수 있어. 또 베짱이가 좋아하는 습한 환경도 더듬이로 찾아낼 수 있지. 더듬이에는 마디가 많아서 움직임이 자유롭고, 아주 작은 변화에도 민감하게 반응하지.

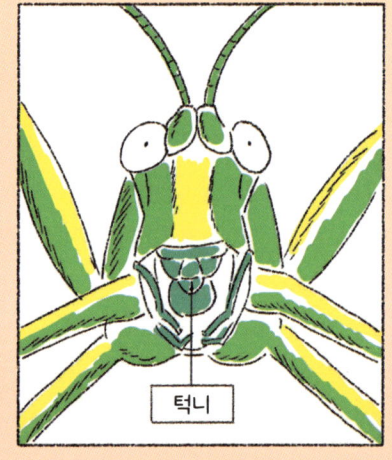

베짱이는 입 위쪽에 있는 날카로운 턱니로 부드러운 풀을 갉아 먹어. 턱니에는 아주 작고 뾰족한 톱니 모양의 돌기가 있어서, 풀을 잘라 내기에 좋지.

베짱이 능력 테스트

1. 평소 눈에 띄지 않게 숨어서 지내나요?

2. 쉬거나 잘 때 누군가 다가오면 바로 알아채나요?

3. 아주 추운 날에는 목소리가 평소보다 작아지나요?

4. 발로 소리를 들을 수 있나요?

추가 진실 베짱이, 귀뚜라미, 메뚜기, 여치는 모두 가까운 친척이야. '메뚜기목'이라는 무리에 속해 있지. 이 메뚜기목 곤충들은 뒷다리가 크고 튼튼해서 멀리 뛰는 데 아주 유리해. 베짱이는 자기 몸길이의 5~10배 정도 되는 거리까지 뛸 수 있어. 멀리뛰기 실력을 비교하면, 메뚜기가 가장 멀리 뛰고, 그다음은 여치, 베짱이, 귀뚜라미 순이야.

여왕벌 같다

모임이나 집단에서 중심이 되어 영향력을 발휘하거나, 화려하고 도도한 분위기로 시선을 끄는 여성에게 '여왕벌 같다'고 말해. 이 표현은 상황에 따라 긍정적으로도, 부정적으로도 쓰여. 여왕벌은 정말 강한 카리스마로 무리를 이끄는 리더일까?

'여왕벌'의 진실

여왕벌

✧ 여왕 페로몬으로 강력한 통치

여왕벌은 수만 마리의 꿀벌과 함께 한 무리를 이루며 살아. 꿀벌 한 무리는 보통 2만~8만 마리 정도인데, 대부분은 일벌이고 여왕벌은 단 한 마리뿐이야. 일벌들은 여왕벌이 내보내는 '여왕 페로몬(여왕 물질)'을 느끼고, 그 신호에 따라 각자 맡은 일을 해. 이 페로몬은 여왕벌이 무리에게 보내는 화학 신호야. 예를 들어, 어린 일벌이 애벌레(유충)를 돌보게 하거나 꿀을 모으고 벌집을 짓는 일을 하도록 유도하지. 이렇게 역할을 나눠서 일하면 무리는 더 효율적으로 움직일 수 있어. 그런데 만약 페로몬이 약해지거나 사라지면, 일벌들은 불안해하고 무질서한 행동을 하기도 해. 그래서 여왕벌은 자신이 건강하다는 걸 알리기 위해 계속 페로몬을 내보내는 거야.

멀리 퍼져라, 페로몬!

페로몬에는 일벌의 난소 발달을 막는 성분도 들어 있어. 그래서 알은 여왕벌만 낳고, 일벌은 각자 맡은 일을 하면서 무리의 질서를 지켜.

여왕벌은 짝짓기할 때 하늘 높이 날아오르며 '짝짓기 비행'을 해. 이때 멀리 떨어진 수벌들을 유인하기 위해 공중에 특별한 페로몬을 퍼뜨리기도 하지.

✦ 무리 유지를 위해 알을 낳아

여왕벌의 가장 중요한 역할은 알을 낳는 거야. 어른이 된 뒤 5~7일 안에 수벌과 짝짓기 비행을 하면, 본격적으로 알을 낳기 시작해. 여왕벌의 수명은 보통 2~5년인데, 나이가 어릴수록 알을 더 많이 낳아. 특히 2년이 안 된 여왕벌은 하루에 1,500~2,000개 정도의 알을 낳을 수 있어. 하지만 3~5년쯤 되면 몸이 느려지고 낳는 알의 양도 줄어들지. 여왕벌이 끊임없이 알을 낳아야 하는 이유는, 일벌의 수명이 보통 6주밖에 안 되기 때문이야. 일벌이 줄면 꿀과 꽃가루를 모으고, 벌집을 관리하고, 애벌레를 돌보는 일을 제대로 할 수 없어. 그러면 꿀벌 무리를 유지하기 어려워지지. 그래서 여왕벌은 계속해서 알을 낳아야 해. 다만 늦가을부터는 낳는 알의 양이 줄고, 겨울에는 거의 알을 낳지 않아.

여왕벌은 일생에 단 한 번만 짝짓기 비행을 해. 이때 수벌에게서 받은 정자를 몸속에 저장해 두고, 그걸로 평생 알을 낳지.

여왕벌은 벌집 안에 있는 '육아방(애벌레를 키우는 방)'마다 알을 하나씩 낳아. 알이 일벌로 자라기까지는 약 21일이 걸려. 하루에 2,000개의 알을 낳는다고 하면, 그 알들이 다 자라는 동안 머물 육아방이 약 42,000개 필요하겠지. 그래서 실제 벌집에는 육아방뿐 아니라 꿀과 꽃가루를 저장하는 방까지 합쳐서 5만~6만 개가 넘는 방이 있어. 벌이 늘어나면 꿀과 꽃가루를 저장할 공간이 더 필요해서 방의 숫자는 훨씬 더 늘어나.

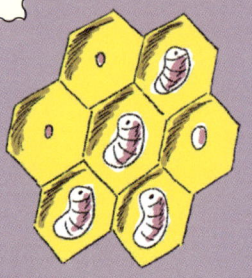

알들이 하나씩 들어가 있는 육아방

✦ 여왕벌을 모시는 '수행원 벌'

여왕벌 곁에는 항상 일벌들이 있어. 이 일벌들을 '수행원 벌' 또는 '시종 벌'이라고 해. 여왕벌의 페로몬에 이끌려 모인 젊은 일벌 5~20마리 정도가 여왕벌을 따라다니며 여러 가지 일을 하지. 여왕벌이 위험할 때 지켜 주거나 더 안전한 곳으로 옮겨 주기도 해. 수행원 벌은 입에 로열 젤리를 담아 여왕벌의 먹이로 주고, 여왕벌의 몸을 핥아 깨끗하게 해 주거나 배설물을 치워 주는 일도 해. 또 여왕벌의 페로몬을 몸에 묻혀 벌집 전체에 퍼뜨리는 역할도 하지. 만약 새 여왕벌이 생기면, 수행원 벌들도 자연스럽게 그 여왕벌을 중심으로 다시 바뀌게 돼.

겨울이 되면 꿀벌들은 여왕벌을 벌집 중심에 두고 둥글게 모여. 이 모습을 '겨울 뭉치'라고 해. 일벌들은 날개를 퍼덕이지 않고 날개 근육만 떨면서 열을 만들어. 이렇게 해서 벌들이 모여 있는 중심부의 온도는 32~35도 정도로 유지돼. 여왕벌이 춥지 않도록 따뜻하게 보호하는 거지.

✦ 늙거나 아프면 바뀌어

여왕벌의 페로몬이 약해지면, 일벌들은 새 여왕벌을 준비해. 건강하고 알을 잘 낳는 여왕벌이 있어야 꿀벌 무리가 유지될 수 있기 때문이야. 새 여왕벌이 될 애벌레가 처음부터 정해져 있는 건 아니야. 여왕벌이 필요해진 그때, 아주 어린 애벌레들 중 하나를 골라. 그리고 그 애벌레를 키우기 위해 '왕대'라는 크고 깊은 방을 따로 만들어. 여왕벌은 다른 벌보다 몸집이 크고 길게 자라기 때문에, 왕대도 일반 방보다 훨씬 크게 만들어야 해. 그리고 특별한 먹이인 로열 젤리만 먹여 여왕벌을 키워. 새 여왕벌이 태어나면, 기존 여왕벌은 자연스럽게 물러나거나 죽게 돼.

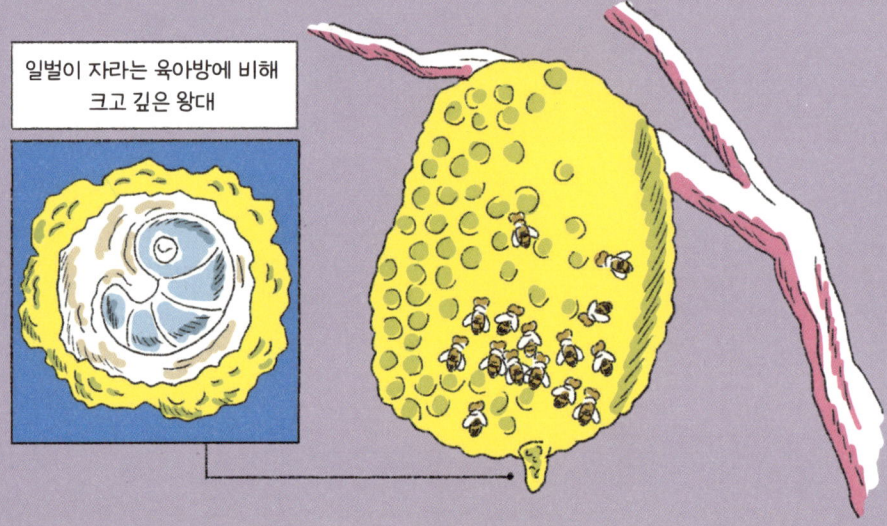

일벌이 자라는 육아방에 비해 크고 깊은 왕대

로열 젤리는 어린 일벌이 꽃꿀과 꽃가루를 먹고 소화해서 만드는, 영양이 풍부한 특별한 먹이야. 여왕벌은 평생 로열 젤리만 먹기 때문에 몸도 튼튼하고 오래 살 수 있어.

벌집 안에 꿀벌이 너무 많아지면, 일벌들은 새 여왕벌을 만들 준비를 해. 이때는 기존 여왕벌이 일부 일벌을 데리고 벌집을 떠나고, 새 여왕벌이 원래 벌집에 남아. 이렇게 무리를 나누는 걸 '분봉'이라고 해.

여왕벌 능력 테스트

1 말 한마디 안 했는데도, 사람들이 내 뜻대로 움직이나요?

2 집에 방이 몇 개인가요? 1만 개가 넘나요?

3 하루 24시간, 나만 돌봐 주는 수행원이 있나요?

4 집에서 가장 귀한 음식을 나만 먹나요?

추가 진실 벌집은 일벌의 배에 있는 밀랍샘에서 나오는 밀랍으로 만들어져. 일벌은 이 밀랍 조각을 입과 다리로 다듬어서, 육각형 모양의 방들을 하나하나 이어 붙이며 벌집을 짓지. 벌집을 고칠 때는 나무에서 나온 즙에 침과 효소를 섞어 만든 '프로폴리스'를 발라. 이렇게 하면 벌집의 틈을 막을 수 있고, 세균이나 곰팡이로부터 더 안전해지지.

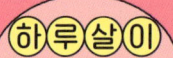

하루살이 인생

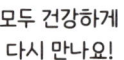

오늘이 힘들고, 내일은 생각할 힘도 없을 때 사람들은 '하루살이 인생'이라고 말하곤 해. 그런데 하루살이는 정말 하루만 살까?

'하루살이 인생'의 진실

◇ 하루보다 오래 살아

하루살이는 알에서 애벌레(약충), 아성충, 어른벌레 순서로 자라. 이 중 애벌레 상태로 가장 긴 시간을 보내는데, 보통 몇 개월에서 1년 이상이야. 그러니까 하루만 살지 않고 꽤 오래 살아. 암컷 하루살이는 따뜻한 물에 알을 낳고, 알은 대개 3~7일 만에 깨어나 애벌레가 돼. 애벌레는 물속에 살며 20~30번 허물을 벗고, 날개가 있는 아성충이 돼. 아성충은 어른벌레와 거의 비슷하지만 한 번 더 탈피를 한 뒤에 어른 하루살이가 돼. 하루살이는 나비나 나방과 달리 번데기를 거치지 않고 어른벌레가 되는 '불완전 탈바꿈' 곤충이야.

하루살이 애벌레는 입이 잘 발달해 있어서, 썩은 식물 조각이나 식물성 플랑크톤(물속에 떠다니는 작은 식물)을 먹어. 종류에 따라서는 물속에 사는 작은 곤충을 잡아먹는 애벌레도 있어.

곤충 가운데 하루살이만 유일하게 아성충 단계를 거쳐. 아성충은 '완전히 성숙하지 않은 어른벌레'를 말해. 물속에서 겨울을 보낸 하루살이 애벌레는 봄이나 여름이 되면 물 밖으로 나와 허물을 벗고 아성충이 돼. 어른벌레와 거의 비슷하게 생겼는데, 몸이 덜 마른 상태이고, 생식 기관이 아직 없어. 날개가 반투명하고 털이 나 있어.

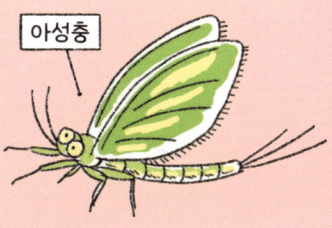

아성충

✦ 어른벌레의 생은 짧아

해 질 무렵, 물가에서 마지막 허물을 벗고 어른이 된 하루살이들은 일제히 하늘로 날아올라. 바로 짝짓기를 하기 위해서지. 수컷은 암컷보다 조금 먼저 어른이 되어 강가나 풀숲 가까이에 모여 짝짓기 춤을 춰. 수컷들이 떼를 지어 오르락내리락 움직이면, 암컷의 눈에 더 잘 띄어. 날갯짓이 활발한 수컷일수록 건강하다고 여겨져 짝짓기에 유리해. 수컷은 짝짓기를 마치면 바로 죽고, 암컷도 알을 낳은 뒤 생을 마감해. 어른 하루살이는 그 이름처럼 정말 '하루'만 살기도 하지만, 종류에 따라 하루를 조금 넘기기도 해.

어른 하루살이는 입이 없어서 아무것도 먹지 못해. 소화 기관과 배설 기관도 거의 없어서 배설도 하지 않아. 그래도 하늘을 날아다니는 데는 문제없어. 애벌레 시절에 몸속에 쌓아 둔 에너지를 쓰거든.

입도 없지만 밥 먹을 시간도 없어.

물이 어디 있지?

암컷은 공중에서 짝짓기를 마치면 곧장 알을 낳으러 강이나 연못, 호수처럼 물이 있는 곳으로 가. 수컷은 보통 짝짓기를 마치자마자 죽지만, 잠깐 더 날다가 죽는 경우도 있어.

◇ 깨끗한 물을 좋아해

하루살이는 강이나 연못, 호수 같은 물속에서 애벌레 시기를 보내. 물이 깨끗하면 숨 쉴 수 있는 산소가 많아서 하루살이가 잘 자라. 그래서 하루살이가 있다는 건 그만큼 물이 맑고 건강하다는 뜻이지. 이렇듯 자연이 건강한지 아닌지를 알려 주는 생물을 '지표 생물'이라고 해. 요즘에는 더러운 물에서 살아남은 하루살이도 생겼지만, 대부분은 여전히 깨끗한 물에서 살아.

내가 있는 곳이 귀한 곳이지!

알

하루살이의 알은 끈적끈적해서 물속 바닥이나 돌, 물풀 같은 곳에 단단히 붙어. 그래서 물이 흐르는 강에서도 쉽게 떠내려가지 않아.

◇ 아가미로 호흡해

하루살이 애벌레는 물속에 살면서 아가미로 산소를 흡수해. 아가미는 깃털같이 생겼고, 애벌레의 배 양옆에 붙어 있어. 애벌레의 배는 열 개의 마디로 되어 있는데, 보통은 1번부터 7번 마디까지 6~7쌍의 아가미가 달려 있어.

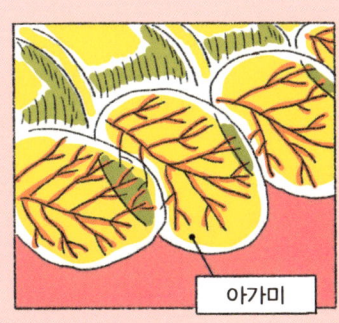

아가미

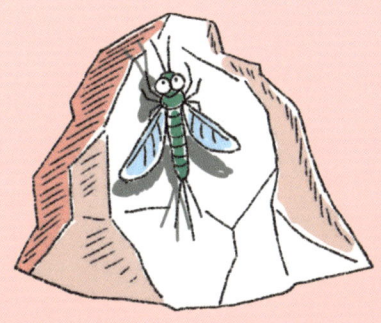

수컷은 하늘을 날다가 잠깐씩 쉬기도 해. 먹지도 않고 계속 날아다니는 건 힘든 일이라 물풀이나 바위 같은 데 앉아서 쉬는 거지. 하루살이의 날개는 등 위로 세울 수는 있지만, 접을 수 없는 원시적인 구조야. 그래서 쉴 때도 V 자 모양으로 날개를 세운 채 가만히 있지. 잠자리도 이렇게 날개를 접지 못하고 편 채로 쉬는 모습을 볼 수 있어.

✦ 빛을 좋아해

가로등 주변에 하루살이 떼가 모여 있는 모습을 본 적 있니? 하루살이는 빛을 따라가는 성질, 즉 '주광성'을 가지고 있어. 그래서 밤이 되면 강이나 연못보다 도시의 강한 인공조명에 더 많이 모이기도 해. 그런데 문제는 물이 없는 곳에서는 알을 낳을 수 없기 때문에, 그렇게 잘못 모인 하루살이는 살아남기가 어려워져.

✦ 대륙 어디서든 살아

하루살이는 남극, 북극, 사막처럼 너무 춥거나 건조한 지역을 빼고는 거의 모든 대륙에 살아. 알려진 종류만 해도 2,000~2,500종이나 되지. 하루살이는 종류에 따라 좋아하는 환경이 조금씩 다르지만, 보통은 따뜻하고 습한 온대나 열대 지방에 많이 살아. 하루살이는 어른벌레가 된 뒤 아주 짧은 시간을 살지만, 그 시간 동안 아주 많은 알을 낳는 번식 전략을 써. 만약 환경이 달라지면, 그곳에 잘 적응한 애벌레들만 살아남아 계속 자라게 돼. 이런 과정이 오랜 시간 이어지면 유전적으로도 변화가 생겨. 결국에는 새로운 종이 생겨나는 거지.

> 우리나라에서는 5월 중순에서 7월 사이 남한강, 금강, 낙동강 같은 큰 강에서 대규모의 하루살이 집단 춤을 볼 수 있어.

하루살이 능력 테스트

1 빛을 보면 저절로 그쪽으로 걸어가게 되나요?

2 날이 따뜻해지면 그룹을 이뤄 춤을 추고 싶나요?

3 어린 시절을 내내 강가에서 보낼 수 있나요?

4 어른이 되면 말을 전혀 하지 않고 살 수 있나요?

추가 진실 하루살이 애벌레는 머리에 단순한 겹눈 두 개만 있어. 하지만 어른이 되면, 홑눈 세 개가 추가되어 총 다섯 개의 눈을 가지게 되지. 특히 수컷의 겹눈은 암컷보다 더 크고 발달해 있는데, 이는 비행 중에 멀리 있는 암컷을 발견하는 데 중요한 역할을 해.

황소고집

"그 옷, 어제도 그제도 입지 않았니?"

"매일 같은 옷만 입네."

"세탁하게 다른 거 입어."

"싫어요. 이 옷이 좋아요."

"우리 딸은 고집이 너무 세. 황소고집이야."

"음, 난 고집보다는 힘이 센데."

'황소고집'은 몹시 센 고집이나 그런 고집을 부리는 사람을 이르는 말이야. 황소가 얼마나 고집이 세길래 이런 말이 생겼을까? 황소의 고집 한번 보여 줄까? 싫다고? 아니, 꼭 보여 줄게.

'황소 고집'의 진실

꿈쩍도 안 하잖아.

◆ 힘이 아주 세

황소는 큰 수컷 소를 말해. 수컷 호르몬(테스토스테론)이 많이 나와서 근육이 발달했고, 움직임도 활발해. 낯선 자극에도 민감하게 반응하지. 몸집이 크고 힘이 세기 때문에, 사람이 끌어도 쉽게 잘 움직이지 않을 때가 많아. 낯선 환경이나 사람을 만나면 바로 도망치기보다, 멈춰 서서 조심스럽게 상황을 살피며 버티는 경우가 많지. 이런 모습을 본 사람들은 황소가 고집이 세다고 느꼈을지도 모르겠어.

스페인의 투우장에서 뿔을 맞대고 싸우는 소는 모두 황소야. 이 황소들은 투우 경기를 위해 특별히 교배한 품종이야. 경기장이라는 낯선 환경, 관중의 큰 소리, 밝은 조명과 같은 자극은 황소를 더 예민하고 민감하게 만들어. 이런 상황에서 황소는 쉽게 흥분하고, 공격적인 행동을 보이게 돼.

황소는 어깨, 목, 등, 허리, 뒷다리까지 온몸의 근육이 고르게 발달해 있어. 그래서 황소는 빠르게 움직일 때의 순간적인 힘도 강하고, 오래 버티는 지속적인 힘도 뛰어나.

✧ 뿔이 있어

대부분의 소는 뿔이 있지만, 사육하는 소는 사람이나 다른 동물의 안전을 위해 어릴 때 뿔을 제거해. 소의 뿔은 겉면이 '케라틴'이라는 단단한 단백질로 되어 있고, 안쪽에는 딱딱한 뼈가 들어 있어. 어른 소가 되면 뿔 안쪽에 공기가 차서 빈 공간이 생겨. 이 공간은 외부 충격을 줄이는 데 도움이 되고, 공간 주위에 퍼져 있는 혈관과 신경은 열을 밖으로 내보내는 역할을 하지. 그런데 소뿔은 한번 부러지거나 다치면 다시는 자라지 않아.

단단한 뿔

✧ 암소가 무리를 이끌어

소는 오랫동안 가축으로 길러져 사람과 함께 살아왔어. 수소나 투우용 소처럼 수컷 호르몬의 영향을 많이 받는 경우를 빼고는, 대부분의 소는 성격이 온순하고, 움직임이 느긋해. 위협을 느끼지 않을 때는 아주 차분하게 행동하지. 그리고 소는 무리를 지어 어울려 살아가는 사회성 동물이야. 무리 안에는 서열이 있고, 보통은 경험 많은 나이 든 암소가 무리를 이끌어. 반면, 수소는 짝짓기 시기에만 잠깐 무리에 합류했다가 그 시기가 지나면 혼자 지내거나 다른 수컷들과 작은 무리를 이루기도 해.

따라와! 휴식 장소로 가자!

소는 온도 변화에 민감하게 반응하며, 변화된 환경에 맞춰 적응해. 추운 지역에 사는 소는 털이 길고 두껍게 자라 체온을 유지할 수 있어. 반대로 더운 지역의 소는 피부와 뿔에 있는 혈관을 통해 열을 밖으로 내보내지. 또 더울 때는 헐떡이면서 열을 식히거나, 땀을 조금씩 흘려서 체온을 조절하기도 해.

✧ 위가 네 개

소는 되새김 동물이야. 풀을 한번 삼킨 다음, 다시 입으로 꺼내 오래도록 씹어 소화시키지. 처음에는 풀을 거의 씹지 않고 그대로 삼키는데, 이때 풀은 첫 번째 위인 '혹위'에 저장돼. 혹위 안에는 미생물이 있어서 풀 속 섬유질을 천천히 분해해. 그러면 그 풀이 다시 입으로 올라오고, 소는 그것을 침과 섞어서 천천히 오래 씹은 다음 다시 삼켜. 이번에는 풀이 '벌집위, 겹주름위, 주름위'를 차례로 지나면서 점점 더 잘게 분해되고, 완전히 소화가 되지. 소가 풀을 잘 소화하려면 이렇게 되새김하는 과정이 꼭 필요해.

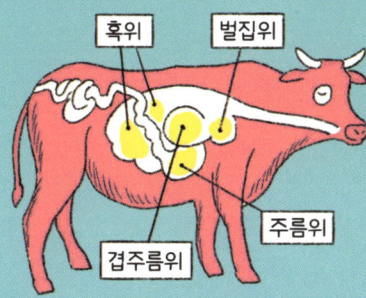

> 소가 먹은 풀이 혹위에서 발효되는 동안 메탄가스 같은 기체가 많이 생겨. 소는 이 기체를 주로 트림으로, 일부는 방귀로 내보내.

✧ 발가락이 두 개

소는 발가락이 두 개이고, 그 끝에는 단단한 발굽이 있어. 이렇게 두 개의 발가락과 발굽을 가진 동물에는 소, 돼지, 양, 염소 등이 있고, 이들을 '우제류'라고 해. 우제류는 '구제역'이라는 전염병에 걸리기 쉬워서 특히 조심해야 해. 발가락 때문에 병에 걸리는 건 아니지만, 발굽 주위의 상처나 틈을 통해 바이러스가 몸속으로 들어가기 쉬워. 구제역에 걸리면 발굽에 물집이나 상처가 생겨서 걷기가 힘들어지고 다리를 절게 되지.

> 구제역은 전염력이 매우 강해서 소 한 마리만 걸려도 농장 전체로 빠르게 퍼져 나가. 이 병에 걸리면 완전히 낫는 데까지 시간이 오래 걸리기 때문에 치료보다는 퍼지는 걸 막는 게 시급해.

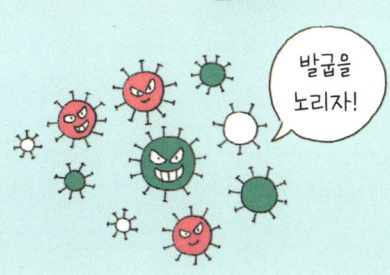

✦ 입체적으로 보는 데 약해

소의 눈은 머리 양옆에 있어서, 두 눈의 시야가 겹치는 부분이 좁아. 그래서 입체적으로 거리를 정확하게 판단하기는 어려워. 반면 사람의 눈은 얼굴 앞쪽에 있어서 두 눈으로 함께 보는 범위가 넓고, 그만큼 거리감을 더 정확하게 판단할 수 있지. 대신 소는 보이는 각도가 300도 이상으로 아주 넓어서 거의 뒤쪽까지 볼 수 있어.

소는 도랑이나 계단 같은 곳을 보면 멈칫하고 겁을 내. 깊이감을 잘 느끼지 못하기 때문이야. 그래서 그곳이 안전한지 아닌지를 정확히 판단하지 못하고 본능적으로 조심하고 경계하게 되지.

✦ 청각, 후각, 촉각이 예민해

소는 양쪽 귀를 따로 움직일 수 있어서, 소리가 나는 방향을 잘 파악해. 사람보다 더 높은 소리를 들을 수 있고, 소리의 높낮이에도 민감하게 반응하지. 또 후각도 매우 뛰어나서 사람보다 수십 배 더 예민하게 냄새를 맡을 수 있어. 그래서 냄새로 맛있는 풀도 찾고, 멀리서 다가오는 천적도 먼저 알아차리지. 촉각도 아주 예민해서 피부에 작은 벌레가 살짝 닿기만 해도 바로 반응해.

황소 능력 테스트

1 남자 어른과 줄다리기를 해서 이길 수 있나요?

영차! 영차!

2 처음 가는 곳이 무서워서 늘 가던 길로만 다니나요?

어쩌지… 이쪽 길은 처음이라 무서워!

가던 길 새로운 길

3 음식을 남들보다 오래 씹나요? 먹는 동안 트림을 하거나 방귀를 자주 뀌나요?

윽, 소화 안 돼!

4 모기가 피부에 열 번 앉으면, 열 번 다 즉시 알 수 있나요?

잡히기만 해 봐라!

추가 진실 소는 파란색과 노란색 계열은 구별할 수 있지만, 빨간색과 초록색은 잘 구별하지 못해. 사람으로 따지면 '적녹 색맹'과 비슷한 셈이지. 그래서 투우사가 흔드는 빨간 천에 소가 반응하는 것은, 색깔이 아니라 빠르게 흔들리는 천의 움직임 때문이야. 빨간 천은 관객을 위한 연출용 도구일 뿐이야. 굳이 말하지 않아도 알겠지만, 싸움을 좋아하는 소는 없어. 그러니까 소를 싸움 붙이지 마.

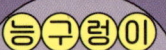

능구렁이 같다

얕은꾀를 쓰거나 자기 잇속에 맞게 행동하는 사람을 비꼴 때 '능구렁이 같다'는 말을 써. 능구렁이는 주변 환경에 빠르게 적응하고 똑똑하게 자기 몸을 지키며 살아갈 뿐인데, 왜 부정적으로 말하는지 정말 모르겠네.

'능구렁이'의 진실

✧ 환경에 맞게 잘 적응해

능구렁이는 우리나라와 중국 동북부, 러시아 극동 지역 등 동아시아에 사는 뱀이야. 몸길이는 보통 1.4~1.8미터 정도이지만 어떤 능구렁이는 2미터가 넘기도 해. 튼튼한 몸을 가진 중형 뱀이지. 우리나라에서는 산이 많은 곳에서 자주 볼 수 있는데, 수영을 잘할 뿐 아니라 나무도 잘 타기 때문에 여러 지형에서 잘 살아.

능구렁이는 움직이는 범위가 넓지 않아서 자기 서식지 근처에서 생활해. 보통 수백 미터에서, 멀어야 1~2킬로미터 안에서 움직이지. 능구렁이는 다른 뱀들처럼 몸을 S 자 모양으로 구불구불 움직이는 '사행 운동'을 해. 속도는 시속 1.5킬로미터 정도로 느린 편이야.

능구렁이는 낮과 밤을 가리지 않고 환경에 맞게 잘 적응해. 그래서 꼭 밤에만 움직이는 '야행성'이라고 보기는 어려워. 다만 아주 더운 여름날에는 낮 동안에 돌 밑이나 쥐 굴 속에 숨어 있다가 밤에 나와서 활동하지.

> 능구렁이는 다른 뱀보다 문제 해결 능력이 뛰어난 편이야. 앞이 막혀 있어 보여도 틈을 찾아내서, 몸을 구부리거나 비틀면서 빠져나와. 주변을 잘 살피고, 갈 수 있는 길을 발견해 내지.

✦ 혀로 냄새를 모아

능구렁이는 혀로 먹이의 흔적을 찾아내. 끝이 두 갈래로 갈라진 가늘고 기다란 혀는 냄새를 아주 잘 느끼는 감각 기관이지. 평소에는 입안의 혀 주머니에 혀를 넣고 있다가, 필요할 때만 꺼내서 날름거리며 공기 중의 냄새를 모아. 이렇게 모은 냄새는 입천장에 있는 '보습코 기관(냄새나 화학 물질을 감지하는 특별한 감각 기관)'으로 보내져. 그럼 이 기관이 냄새 정보를 뇌에 전달하고, 뇌는 어떤 먹이가 어디에 있는지 파악하지.

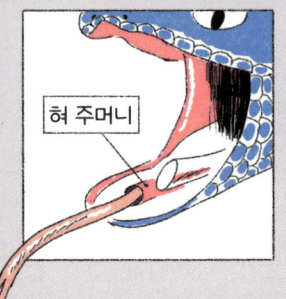
혀 주머니

> 보습코 기관은 이 기관을 발견한 덴마크의 해부학자 야콥슨의 이름을 따서 '야콥슨 기관'으로도 불려. 이 기관은 동물들이 먹이나 짝을 찾을 때 중요한 역할을 해. 개는 코를 통해 들어온 냄새를 야콥슨 기관으로 보내고, 뱀은 혀로 모은 냄새를 야콥슨 기관에 전달하지.

✦ 피트 기관을 대신하는 감각들

독사나 비단뱀 같은 일부 뱀들은 온혈 동물의 체온을 감지하는 '피트 기관'이 발달했어. 이 기관은 눈과 코 사이에 있는 작은 구멍으로, 먹이를 찾는 데 중요한 역할을 하지. 하지만 능구렁이는 피트 기관이 없어. 대신 눈으로 움직임을 보고, 혀로 냄새를 맡고, 몸으로 진동을 느끼며 사냥하지. 피트 기관은 없어도 여러 감각을 함께 사용해서 먹이도 찾고, 짝짓기 상대도 찾아내지.

> 뱀은 귀에 고막이 없어서 사람처럼 소리를 듣지는 못해. 하지만 땅을 타고 전해지는 진동을 몸으로 느낄 수 있어. 그래서 주변에 먹잇감이 있는지, 위험한 동물이 다가오는지 알 수 있지.

땅이 울리네. 조심해야지.

◆ 독 없는 사냥꾼

능구렁이는 풀숲이나 돌 틈에 숨어 있다가, 먹이가 가까이 오면 빠르게 몸을 던져 사냥해. 쥐, 새, 개구리, 도마뱀, 물고기 같은 몸집이 작은 동물을 주로 먹지. 능구렁이는 먹이를 발견하면 온몸으로 단단히 감아 조여서 숨을 쉬지 못하게 만든 다음, 통째로 삼켜. 독이 없는 중간 크기의 뱀에게 이런 사냥 방식은 아주 효과적이야. 능구렁이는 주로 저녁이나 밤에 더 활발하게 활동해.

뭐 하니?

독사

능구렁이는 가끔 다른 뱀을 먹거나, 드물게는 독이 있는 뱀을 사냥하기도 해. 일부 연구에 따르면, 능구렁이는 뱀독을 어느 정도 견딜 수 있는 능력이 있대. 덕분에 능구렁이는 먹이 선택의 폭이 넓고, 다양한 환경에서도 잘 살아남을 수 있는 거야.

능구렁이는 기온 변화에 민감한 뱀이야. 날씨가 조금만 추워져도 다른 뱀들보다 먼저 겨울잠에 들어가고, 날이 따뜻해져도 비교적 늦게 깨어나는 편이야.

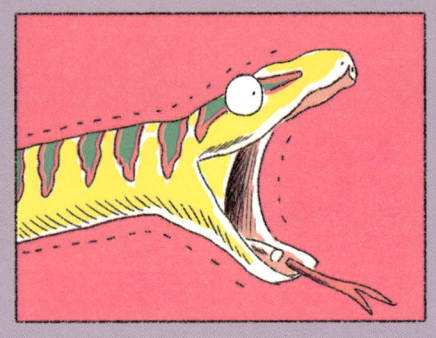

✦ 큰 먹이도 꿀꺽

능구렁이는 입을 위아래로 130도까지, 옆으로도 아주 크게 벌릴 수 있어. 아래턱뼈가 좌우로 느슨하게 떨어져 있고, 머리뼈와도 유연한 인대로 연결돼 있기 때문이야. 그래서 자기 머리보다 큰 먹이도 통째로 삼킬 수 있어. 먹이를 삼킬 때는 갈고리처럼 생긴 이빨을 목 안쪽으로 밀어 넣고 몸을 구부리면서 계속 안쪽으로 먹이를 집어넣지. 이런 움직임 덕분에 먹이가 식도를 지나 위장까지 잘 들어갈 수 있는 거야. 갈비뼈도 자유롭게 움직일 수 있어서 덩치 큰 먹이도 뱃속으로 보낼 수 있어.

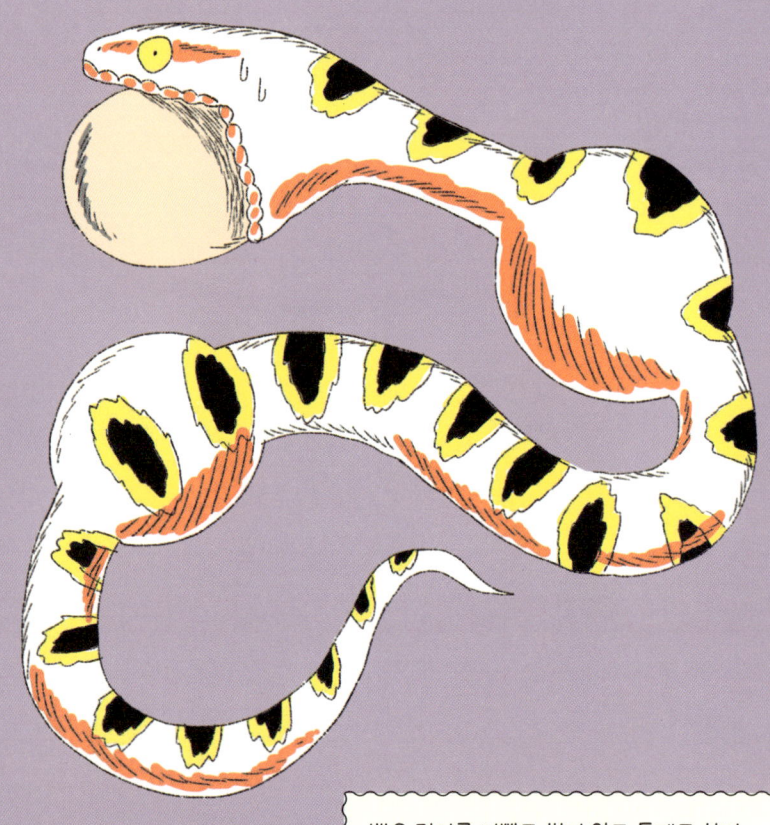

> 뱀은 먹이를 이빨로 씹지 않고 통째로 삼켜. 그래서 먹이가 식도를 따라 잘 넘어가는 게 중요해. 먹이를 삼킬 때는 침을 많이 흘려서 먹이가 미끄러지듯 식도를 따라 들어가게 하지.

능구렁이 능력 테스트

1 산이나 물가에서 낮이나 밤이나 잘 적응해 살 수 있나요?

2 눈으로 보지 않아도, 땅의 떨림으로 누가 있는지 알아차릴 수 있나요?

3 후각으로 상대가 나와 비슷한 사람인지 알 수 있나요?

4 누군가를 꽉 안아서 꼼짝 못 하게 할 수 있나요?

추가 진실 능구렁이를 포함한 뱀의 척추뼈는 다른 동물보다 훨씬 많아. 사람의 척추뼈는 33개, 개나 고양이는 약 50개인데 반해 뱀의 척추뼈는 200~400개나 돼. 뱀은 다리가 없지만 척추뼈가 많아서 몸을 자유자재로 구부리거나 감을 수 있어. 이게 바로 유연한 움직임의 비결이지.

'청개구리'의 진실

✦ 비가 오면 나무에서 내려와

청개구리는 보통 나무 위에서 지내. 몸길이는 2~4센티미터 정도로 작고, 발가락 끝에 둥근 빨판이 있어. 이 빨판에서 끈끈한 점액이 나와 나뭇잎이나 나뭇가지에 잘 붙어 있을 수 있어. 그런데 비가 많이 오는 날에는 나무에서 내려오기도 해. 비바람이 세게 불면 나뭇잎이 흔들리고, 빗물이 쏟아지면서 나무 위가 오히려 위험하거든. 또한 비 오는 날에는 지렁이나 곤충 같은 먹이가 땅 위에서 활발하게 움직이기 때문에 사냥하기에도 더 좋아. 대부분의 개구리는 평소에는 물가에 살다가, 비가 많이 오면 물이 불어나기 전에 땅이나 나무 위로 올라가. 그런데 청개구리는 반대로 행동하니 오해를 불렀을지도 몰라.

개구리는 양서류야. '양(兩)'은 '두 가지', '서(棲)'는 '산다'는 뜻이야. 그러니까 '두 곳에서 사는 동물'이라는 뜻이지. 개구리는 어릴 때는 올챙이로 물속에서 살고, 다 자란 뒤에는 물과 땅을 오가며 생활해.

참개구리는 우리나라에서 가장 흔한 개구리로 논이나 연못, 개울 같은 물가 주변에서 살아. 뒷발에 있는 발가락 사이의 물갈퀴가 넓고 다리가 길어 수영을 잘하고 멀리 점프할 수 있지. 겨울에는 물속 바닥에서 겨울잠을 자며 추위를 견뎌.

청개구리는 짝짓기를 하고 나면 알을 낳기 위해 논이나 물가로 내려와. 특히 늦봄부터 초여름, 모내기 시기의 얕고 따뜻한 논은 알을 낳기에 좋은 환경이라 이 시기에 청개구리를 볼 수 있어. 알을 낳고 나면 다시 나무 위로 올라가.

✧ 클수록 매력적인 울음소리

비가 오거나 습도가 높은 날은 청개구리가 피부로 숨쉬기에 더 좋아. 이런 날은 소리도 공기를 타고 더 멀리 퍼지기 때문에 울기에도 딱 알맞은 조건이야. 왜 우느냐고? 짝짓기를 위해서지.

5월에서 7월은 청개구리의 번식기인데, 이 시기의 수컷은 암컷을 부르려고 더 열심히 울어. 수컷의 턱 아래에는 '울음주머니'가 있어. 평소에는 축 늘어져 있다가, 울기 시작하면 공기로 부풀어 올라. 암컷은 소리가 크고 오래 울 수 있는 수컷을 건강한 짝으로 여기지. 반대로, 소리가 약하거나 자주 울음을 멈추는 수컷은 짝을 찾기 어려워. 청개구리의 울음소리는 음이 높아서, 사람 귀에는 날카롭게 들릴 수 있어.

수컷 청개구리는 울음소리로 서로 경쟁하기도 해. 울음에는 많은 힘이 들기 때문에, 체력이 약한 수컷은 오래 울지 못하지. 결국 오랫동안 크게 울 수 있는 수컷이 물가 근처의 좋은 자리를 차지하고, 그곳에서 암컷을 만나 짝짓기를 할 수 있지.

짝을 찾은 암컷 청개구리는 얕은 물속의 풀잎이나 물풀 위에 알을 낳아. 청개구리의 알은 여러 개가 덩어리처럼 뭉쳐 있고, 끈적한 점액으로 덮여 있어서 식물에 잘 달라붙어. 며칠이 지나면 알에서 올챙이가 깨어나 물속을 헤엄치며 살아가. 올챙이에서 청개구리로 몸이 변하는 데는 두 달이 채 안 걸려.

◇ 보호색으로 위장

청개구리는 주변 환경에 따라 등 쪽 피부색을 바꿀 수 있어. 나뭇잎 위에 있으면 초록색, 나뭇가지 위에서는 갈색, 바위 위에서는 회색으로 변하지. 이런 색 변화는 피부 속의 '색소 세포'가 담당해. 색소 세포는 신경이나 호르몬의 신호를 받아 피부색을 바꾸지. 이렇게 피부색을 바꾸면 천적의 눈에 잘 띄지 않아 몸을 숨기기에 좋아. 때로는 다른 청개구리를 속여 경쟁에서 유리해지기도 해. 물가에 사는 다른 개구리들도 기온이나 습도에 따라 피부색이 조금 밝아지거나 어두워질 수는 있지만, 청개구리처럼 색이 완전히 달라지지는 않아.

청개구리는 스스로 체온을 조절하지 못하는 변온 동물이야. 그래서 햇볕이 강할 때는 피부색을 밝게 바꿔 열이 덜 들어오게 하고, 날씨가 추울 때는 피부색을 어둡게 해서 햇볕을 더 많이 흡수하지. 이렇게 피부색을 바꾸면서 몸의 온도를 어느 정도 조절할 수 있어.

겨울이 되면 기온이 낮아지고 먹이가 줄어들기 때문에, 청개구리는 겨울잠을 자. 보통 나무 밑이나 낙엽 아래의 흙 속에 들어가 추운 겨울을 나지.

✦ 혀를 써서 사냥해

청개구리는 모기, 파리, 나방, 개미 같은 작은 곤충을 주로 잡아먹어. 침이 묻은 끈끈한 혀를 휙 내밀어 먹이를 붙잡고, 재빨리 입안으로 말아 넣지. 청개구리의 혀는 몸길이의 2배까지 튀어 나갈 수 있어. 다만 물속에서는 청개구리도 다른 개구리들처럼 먹이를 바로 입으로 물어 삼켜.

청개구리는 가끔 다른 개구리가 먹으려던 먹이를 먼저 낚아채기도 해. 더 빨리, 더 많이 먹으려는 경쟁에서 나온 행동이야. 하지만 살아남기 위한 본능 때문일 뿐, 청개구리가 심술을 부리는 건 아니야.

청개구리의 혀 표면에는 아주 작은 돌기들이 있고, 그 위는 끈끈한 점액으로 덮여 있어. 곤충 같은 먹이가 닿는 순간, 점액이 더 많이 분비돼서 혀에 단단히 달라붙지. 혀는 부드럽고 탄력이 있어서 울퉁불퉁한 먹이도 빈틈없이 감싸 놓치지 않아.

청개구리의 수명은 5년 정도야. 하지만 새나 뱀 같은 포식자에게 잡히거나, 알을 낳는 시기(산란기)에 물가로 이동하다가 도로에서 차에 치이는 일도 많아. 또 농약 사용, 기후 변화처럼 환경이 나빠지는 문제도 청개구리에게는 큰 위협이 되고 있어.

청개구리 능력 테스트

1 미끄럼틀 위에 척 달라붙어 있을 수 있나요?

2 큰 울음소리로 주목받은 적이 있나요?

3 수풀에 들어가면, 피부색이 초록빛으로 바뀌나요?

4 손을 쓰지 않고, 혀로만 과자를 먹을 수 있나요?

추가 진실 '수원청개구리'는 우리나라에만 사는 특별한 청개구리야. 1980년대에 경기도 수원에서 처음 발견되어 붙은 이름이야. 수원시의 마스코트이기도 해. 주로 서해안 근처의 논과 습지에서 살고, 나무 위보다는 논바닥이나 풀밭처럼 땅이 가까운 곳에 머물러. 그런데 요즘은 논과 습지가 줄어들면서 수원청개구리의 수도 줄고 있어. 그래서 환경부는 '멸종 위기 야생생물' 1급으로 정하고 특별히 보호하고 있어.

개복치 같다

다음 달 승급 심사는 무조건 합격이겠어.

네? 태권도 심사 일정을 앞당긴다고요?

어쩌지? 난 분명 떨어질 거야! 태권도 관둘래.

별명이 개복치 아니랄까 봐.

으아앙

진짜 개복치면 애초에 시험 볼 일을 안 만들지!

작은 일에도 깜짝 놀라거나 쉽게 상처받는 사람을 보고 '개복치 같다'고 해. 몸집이 크고, 피부도 두꺼운 개복치가 정말 그럴까?

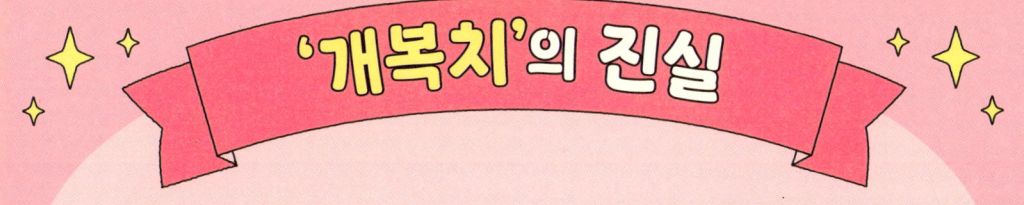

'개복치'의 진실

✧ 몸집에 비해 예민해

개복치는 뼈가 단단한 물고기, 즉 '경골어류' 가운데 몸집이 가장 커. 하지만 몸집에 비해 방어 수단이 거의 없고, 신경도 예민한 편이야. 천적의 공격, 배에서 나는 소음, 어망, 바다에 떠다니는 쓰레기 같은 자극에 쉽게 스트레스를 받지. 어떤 개복치는 놀라서 몸부림치다가 다치는 일도 있대.

개복치는 자연에서는 20년 가까이 살 수 있어. 하지만 수질이나 환경 변화에 매우 민감해서 수족관에서는 오래 살기가 어려워. 실제로 우리나라의 몇몇 수족관에서도 개복치를 들여온 적이 있지만, 며칠 만에 죽는 경우가 많았어. 100일을 넘게 살면 '백일잔치'를 열 정도였대. 개복치의 피부는 끈적한 점액질로 덮여 있거든. 이 점액은 외부 자극이나 세균으로부터 몸을 보호하는 역할을 해. 그런데 수족관에서는 이 점액이 잘 벗겨지거나, 스트레스로 점액 분비가 줄어들어서 병에 걸리기 쉬운 거지.

✧ 작게 태어나 크게 자라는 초대형 물고기

개복치는 알에서 막 부화했을 때는 크기가 2~3밀리미터밖에 되지 않을 만큼 아주 작아. 하지만 성장 속도가 무척 빨라서 하루에 몸무게가 1킬로그램 가까이 늘기도 한대. 자라는 환경에 따라 다르지만 길이 3미터, 몸무게는 2,000킬로그램까지 클 수 있어. 정말 '초대형 물고기'인 셈이지.

개복치는 주로 해파리와 플랑크톤을 먹지만 오징어나 새우, 해조류도 가리지 않고 다양하게 먹어. 그 이유는, 주된 먹이인 해파리에 영양이 거의 없기 때문이야. 해파리는 90~95퍼센트가 물로 되어 있어서, 개복치가 몸에 꼭 필요한 영양분을 충분히 얻기가 어려워. 그래서 개복치는 하루 종일 먹이를 찾아다니며 많은 양을 먹어야 살아갈 수 있어. 그래도 움직임이 많지 않아 에너지를 많이 쓰지는 않아.

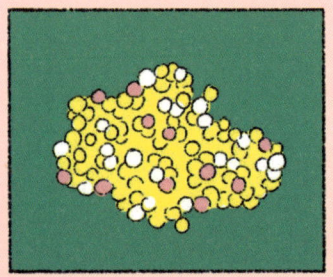

개복치는 한번에 알을 가장 많이 낳는 물고기야. 3억 개나 되는 알을 한번에 낳을 수 있지. 하지만 대부분이 천적에게 먹히거나, 환경 때문에 살아남지 못해. 결국 아주 일부만 어른으로 자라지. 개복치의 알은 지름이 약 1밀리미터로 아주 작고 투명해. 얕은 바닷물에 떠다니다가 시간이 지나면 깨어나 어린 개복치가 되지.

✦ 개복치의 철벽 피부

개복치의 피부 표면은 사포처럼 거칠고, 매우 두껍고 질겨. 피부 두께가 약 5~7.5센티미터로, 다른 물고기에 비해 훨씬 두꺼운 편이라 백상아리나 범고래 같은 천적이 공격해도 어느 정도 막을 수 있지.

개복치의 피부에서는 미끌미끌한 점액질이 나와. 이 점액은 기생충이 달라붙는 걸 막거나 상처를 보호해 주는 역할을 해. 그런데 개복치는 몸집이 크고 움직임이 느려서, 무려 40종이 넘는 기생충이 몸에 붙을 수 있어. 스스로 기생충을 떼어 내지 못하니까 나비고기 같은 '청소부 물고기'의 도움을 받을 수밖에 없어. 청소부 물고기는 개복치의 몸에 붙은 기생충을 먹이로 삼고, 개복치는 덕분에 몸을 깨끗하게 할 수 있지. 이렇게 둘은 서로에게 도움이 되는 '공생 관계'야.

개복치의 피부는 톱이나 예리한 칼을 써야 겨우 들어갈 정도로 질기고 단단해. 1931년 호주에서 발표한 논문에서는 '총알이 피부를 뚫지 못하고, 작살조차 튕겨 나간다'고 기록돼 있을 정도야. 다소 과장된 표현이기는 하지만 그만큼 피부가 강하다는 뜻이지.

◇ 둥둥 떠서 해바라기

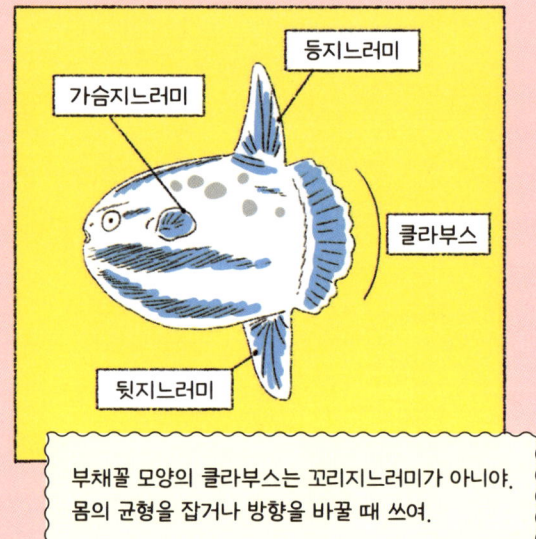

부채꼴 모양의 클라부스는 꼬리지느러미가 아니야.
몸의 균형을 잡거나 방향을 바꿀 때 쓰여.

대부분의 물고기는 꼬리지느러미를 좌우로 흔들어 앞으로 나아가. 하지만 개복치는 꼬리뼈가 없어서 꼬리지느러미가 없어. 또 배 아랫부분에 있는 배지느러미도 없지. 크기가 작은 가슴지느러미는 주로 몸의 균형을 잡는 데만 쓰여. 대신, 등지느러미와 뒷지느러미의 끝부분이 몸 뒤쪽에서 만나 부채꼴 모양을 이루지. 이 부분이 마치 꼬리처럼 보이지만 사실 꼬리는 아니야. 헤엄칠 때는 등지느러미와 뒷지느러미를 위아래로 함께 움직여 몸이 파도치듯 흔들리면서 천천히 앞으로 나가게 돼.

개복치는 보통 수심 200~800미터의 깊은 바다에 살지만, 가끔 수면 가까이로 수직으로 헤엄쳐 올라가. 변온 동물이라 스스로 체온을 조절하지 못해서, 햇볕을 받아 몸을 따뜻하게 하려는 거지. 그래서 영어로는 '선피시(sunfish)', 즉 '햇살 물고기'라고도 불러.

볕 쬐기 좋네.

대부분의 물고기는 부레 속 공기량을 조절해서 부력(물에 뜨는 힘)을 유지해. 그런데 개복치는 부레가 없어. 그 대신 피부 아래에 젤리처럼 부드럽고 탄력 있는 조직이 있어서, 몸이 가라앉지 않도록 도와줘. 또 개복치의 간은 매우 크고, 그 안에는 지방이 많아. 지방은 물보다 가벼워서 몸이 더 잘 뜰 수 있게 해 주지.

개복치 능력 테스트

 하루 만에 몸무게가 1kg 이상 늘어난 적이 있나요?

계속 들어가!

2 작은 변화에도 깜짝 놀라 숨이 턱 막힌 적이 있나요?

어? 용돈을 끊겠다고요?

3 햇볕이 드는 자리를 일부러 찾아다니나요?

아, 햇볕 좋다.

4 스트레스를 푸는 방법이 딱히 없나요?

책을 읽으니 스트레스를 더 받는 것 같은데?

추가 진실 최근 들어 개복치의 사망률이 점점 높아지고 있어. 2015년에는 '국제자연보전연맹(IUCN)'이 개복치를 '취약종'으로 정했지. 취약종은 멸종될 위험이 있다는 뜻이야. 바다에 버려지는 플라스틱과 쓰레기가 많아지고, 지구가 더워지면서 바닷물의 온도도 올라가고 있어. 이런 환경 변화가 개복치에게 큰 스트레스를 주면서 사망률이 높아진 거지.

글쓴이 최형선

동물을 연구하는 생태학자입니다. 이화여자대학교 생물학과를 졸업하고, 같은 학교 대학원에서 생태학 박사 학위를 받았습니다. 미국 델라웨어대학교 미생물생태학교실에서 연구 활동을 했으며, 이화여자대학교 강의를 시작으로 성균관대학교 초빙 교수에 이르기까지 30년 넘게 대학에서 생태학과 환경학을 가르쳤습니다.
쓴 책으로 제30회 한국과학기술도서상 저술상을 받은 《낙타는 왜 사막으로 갔을까》, 《펭귄이 날개로 날 수 있다면》, 《동물들아, 힘을 내!》 등이 있습니다.

그린이 차야다

부산에서 그림을 가르치며, 그래픽 디자이너와 일러스트레이터로 활동하고 있습니다. 대학에서 디자인을 공부했고, 부산국제어린이청소년영화제에서 미술 감독으로 일했습니다.
쓰고 그린 책으로 《오줌을 참는 기막힌 방법》, 《끈적맨》, 《공 좀 주워 주세요》, 《아빠 쉬는 날》 등이 있고, 그린 책으로 《지우개 유령》, 《우리는 매일 안녕 안녕》, 《공포의 하얀 발》, 《집사의 새 반려동물》, 《내 엉덩이는 내가 책임진다》 등이 있습니다.

진실한 동물도감 진실한 시리즈

초판 1쇄 2025년 9월 10일
초판 3쇄 2025년 11월 15일

글쓴이 최형선 | 그린이 차야다
펴낸이 문태진 | 본부장 서금선 | 편집 송은하 임선아 | 디자인 NCK
마케팅팀 김동준 이재성 박병국 문무현 김은지 이지현 전지혜 조용환 김화정 천윤정
디자인팀 김현철 | 저작권팀 정선주
경영지원팀 노강희 윤현성 정현준 조샘 이지연 조희연 김기현

펴낸곳 ㈜인플루엔셜 | 출판신고 2012년 5월 18일 제300-2012-1043호
주소 (06619) 서울특별시 서초구 서초대로 398 Bnk디지털타워 11층
전화 02)720-1034(기획편집) 02)720-1024(마케팅) | 팩스 02)720-1043
전자우편 books@influential.co.kr | 홈페이지 www.influential.co.kr

ⓒ 최형선, 차야다, 2025

ISBN 979-11-6834-314-6 74490 | 979-11-6834-313-9 (세트)

* 이 책은 저작권법에 따라 보호받는 저작물이므로 무단 전재와 무단 복제를 금하며, 이 책 내용의 전부 또는 일부를 이용하려면 반드시 저작권자와 ㈜인플루엔셜의 서면 동의를 받아야 합니다.
* 잘못된 책은 구입처에서 바꿔 드립니다. * 책값은 뒤표지에 있습니다.
* 북스그라운드는 ㈜인플루엔셜의 어린이책 브랜드입니다.
* 북스그라운드는 어린이들이 마음껏 상상하며 성장할 수 있는 토대를 만들고자 합니다. 참신한 원고가 있으신 분은 연락처와 함께 letter@influential.co.kr로 보내 주세요.

* KC마크는 이 제품이 공통안전기준에 적합하였음을 의미합니다.
* 제조국 : 대한민국 * 사용 연령 : 8세 이상
* 책장에 손이 베이지 않게, 모서리에 다치지 않게 주의하세요.